秋山秀一 著

続・世界観光事情

まち歩きの楽しみ

新典社

はじめに

一九七五年の夏、当時運航していたエア・サイアムのジャンボ機に乗って、ハワイに飛んだ。その後、シアトル経由で、カナダのバンクーバーに向かい、安アパートでの一人暮らし。これが、初めての海外の旅だった。

二〇二〇年二月にトルコを旅した。これが、二一三回目の海外の旅だったが、この後、新型コロナ蔓延の影響で、海外への旅はストップ。二〇二二年一一月にチェコ、オーストリアを旅するまで、二年一〇カ月余り、海外のまち歩きをじっと我慢した。

二〇二〇年一二月三日の深夜に放送されたＮＨＫラジオ第1放送「ラジオ深夜便」のインタビューコーナーに、ゲスト出演した。テーマは「旅が教室」。コロナ禍の中、小学生の頃からの旅との関わりについて、ラジオ深夜便の坂田正巳ディレクターを相手に、いろいろな話をした。

番組の最後のほうで、それまでぼくが二一三回海外へ旅していることを知っていた坂田ディレクターから、二一四回目の海外への旅の行先について問われたとき、とっさに「ロンドン」と、答えていた。

ロンドンへの最初の旅は、一九七九年の夏のことだった。

そのとき以来、八三年と八五年の二年間を除いて年に一度はロンドンに行って、まち歩きを楽しんできた。ターナーの絵の前に腰掛け、ミュージカルを観て、ひたすらまち歩きを楽しみ、なじみの店でスペアリブやステーキを食べ、飲む。ロンドンにも、美味しいものはある。

二〇一一年一〇月二一日には、《カントリージェントルマンが案内するロンドンの休日》のタイトルで、NHKラジオに出演して、一時間、ロンドンのまち歩きの楽しさについて話をしたこともある。しかし、ロンドンへの旅も、三年近く間が空くと、そんな気持ちもどこかへ…。

コロナ後最初の旅先は、チェコとオーストリアだった。

その後、ギリシャ、ベトナム、台湾、ヨルダン…。海外の旅、再開だ。

なにはともあれ、これまでずっと旅を続けてこられたということは、ありがたいことである。

旅は、感動、発見、そして、創造。いつもそう思って、旅に出る。

旅をしながら、その時の気持ちを大切に、そのままに記録し、写真を撮る。今までに、何度か写真展を開催してきた。旅についての著書も三〇冊ほどあり、ラジオで旅の話をしたり、講演会でも話をしてきた。『マネジメントスクエア』(ちばぎん総合研究所発行)に掲載中の「旅の達人が見た　世界観光事情」も、連載一三年目になる。三〇年以上に渡って、グラビアページを担当している雑誌もある。「秋山秀一、旅の記憶」で検索すると、チイコミのウェブで、海外の写真が色々見られる。四〇年前、三〇年前に比べ、体力ははっきりと弱まり、記録する量は極端に少なくなった。が、今もまだ、旅の途中。秋山秀一、七三歳。これからも旅を続けていくつもりだ。

目次

写真・文　秋山秀一

ローマン・バスの向こうに見えるのは、バース修道院

バース —— イギリス

二〇〇〇年の歴史を刻む温泉保養地

ローマの残り香

イギリスで観光客が最も多く訪れる都市は、首都ロンドンである。だが、二番目に多い都市がバースであることを知っている人は少ないのではないだろうか。エイボン川の辺《ほとり》に位置し、イギリスで唯一温泉が湧き出る街バースは、BATHと綴る。この語は入浴や湯治場を意味する英語・バス（bath）の語源ともいわれている。

ロンドンのパディントン駅から西へ一時間半、バースの鉄道駅バース・スパ駅に着く。

バース・スパ駅の東側を流れるエイボン川に沿って、川辺の道を北へ歩いていく。左に、旧市街の家並みが続く。バース修道院が見えると、その先の正面に、エイボン川に架かる三つのアーチのある石橋が見えてくる。パルトニー橋である。一七七四年に完成したこ

エイボン川に架かるパルトニー橋

街の中心、アビー・チャーチ・ヤード。正面に見えるのはバース修道院

の橋は、二〇一二年に公開された映画『レ・ミゼラブル』に登場する。映画の中で、主人公をつけ狙う敵役《かたきやく》のジャベールが、橋の上から飛び降りて命を絶つ場面がある。その重要なシーンの撮影が行われたのが、このパルトニー橋なのだ。

橋のある通りを左折して西へ進み、一つ目の角を左折、ハイストリートを南へ歩いていく。正面にあるのが、世界遺産、バース修道院。修道院の南の広場が、バースの中心、アビー・チャーチ・ヤード。そこにパンプ・ルームがあり、広場の西の建物が、世界遺産のローマン・バス（ローマ浴場博物館）である。

象徴的施設、ローマン・バス

先史以来、先住民族のケルト人により温泉が利用されていたこの地に、紀元前一世紀ごろ、ローマ軍が侵攻し、神殿を建立したが、五世紀にローマ人が去ると、廃墟と化した。バースが生まれ変わるのは一七世紀末になってから。一八世紀に入り、ジョージ三世の治世になると、飲泉の設備を備えたパンプ・ルームが開かれ、温泉地として再開発された。王侯貴族や富裕層が集う保養地として栄え、数多くの著名人が訪れるようになる。一八世紀後半の中流社会に生きる女性をテーマにした小説『高慢と偏見』を書いた女性作家ジェーン・オースティンも、ここを訪れた一人。

ローマン・バス大浴場

一八〇一年から五年間、バースに滞在した。

ローマン・バスの入り口で入場料（シニア料金一三・七五ポンド）を支払い、日本語対応のオーディオガイドを受け取る。展示物の前で、日本語で語られるわかりやすい説明を聞きながら、見学。一八八〇年に発見され、発掘調査の後復元されたローマ遺跡の大浴場ローマン・バスを上から眺めてから、順に見ていく。ローマ人に扮したスタッフが、観光客の目を楽しませてくれる。

一九八〇年の夏、ぼくが初めてここにやってきたとき、温泉の温度が気になって、湯の中に手を入れてみた。やや熱めではあるが、我慢できないほどではなかった。そのとき、ここには「湯に触れてみる人は気を付けてください」との注意書きがあった。売店で六五ペンスを出して買った小冊子には、「水温は人間の血の温度よりも一二℃高い」と書いてあっ

ローマン・バスの博物館内では、ローマ人に扮したスタッフが入館者の目を楽しませてくれる

レストランとして営業しているパンプ・ルームの内部

た。しかし、今回は、温泉の温度を直に肌で感じることはできなかった。温泉に手を入れることが「禁止」となっていたのだ。

一方、以前はなかったもので、今回触ることができるようになったものもある。ここで発掘された、知恵と医療を司《つかさど》るローマ神話の女神、ミネルヴァの頭部像のレプリカが、触ってもらうために展示されている。

温泉を活用したサウナルーム、モザイクの床、ローマ人が祈りを込めて温泉に投げ込んだ様ざまなコインなど、ローマ時代の遺物も展示されている。ローマ時代の人々の暮らしの様子がわかるような映像も映し出されており、展示に工夫がなされている。

館内にある源泉、キングス・バスからは、現在でも、日に一〇〇万ℓ以上もの温泉が湧き出ている。

114本のイオニア式の円柱で飾られた三日月状のロイヤル・クレッセント。向かって右端は博物館になっていて、内部を見ることができる

見ごたえのあるジョージアン建築

温泉水を飲む設備をそなえた社交場だったパンプ・ルームは、現在、レストランとして営業している。バース修道院の、アーチが天井を埋め尽くしている様子はほかでは見られないもの。バース出身の建築家、ジョン・ウッド親子によってつくられたザ・サーカスやロイヤル・クレッセント（ともに世界遺産）など、ジョージアン様式の建築物も見逃せない。

一七五四年に建設が開始された中央に円形の広場を持つ集合住宅ザ・サーカスは、着工直後に死去した父の遺志を継いだ同名の息子ジョン・ウッドによって、二〇年後に完成した。数あるジョージアン様式の建物の中で最高傑作とされるのが、息子が手掛けた、一一四本のイオニア式の円柱で飾られた一八〇ｍに及ぶ三日月状に円弧を描く集合住宅ロイヤル・クレッセント。以後、ロンドンのリージェント・ストリートなど、イギリスの多くの都市で模倣されることになった。ロイヤル・クレッセントの内部はみな同じ造り。右端の一番地は博物館で、内部を見ることができる。

一九八七年に「バースの市街」として、ユネスコの世界文化遺産に登録されたイギリス有数の観光都市、バース。二〇〇〇年の歴史を刻む街並みは、なんとも美しく、魅力的なのである。

チュニスとその周辺 ―― チュニジア

多様な文化が入り混じることの魅力

世界遺産の旧市街

メディナの屋上のテラスで、ミントティーを飲みながら憩う人々

「アフリカは一年中暑い」と思っている人は少なくない。本当にそうだろうか？　千葉市の緯度は北緯三五度三六分（市役所）。このままヨーロッパの方へ移動させると地中海に達する。その南に接しているのは、アフリカ大陸である。そのほぼ中央、イタリアに向かって突き出したような位置にあるのが、チュニジアの首都チュニスだ。千葉市よりも北にあたる北緯三六度四八分にあり、地中海性気候なので、夏は湿度が低いため気温が上がる割には過ごしやすい。

二〇一九年の一一月、ぼくはチュニジアの世界遺産を巡る旅をした。地中海を背景に、東西交易の中心地としての歴史を刻んできたチュニジアの国内各地には、カルタゴや古代ローマ帝国時代の遺跡が数多く存在する。

チュニスは、チュニジアの政治経済の中心都市だ。一三世紀にイスラム都市として栄えた旧市街（メディナ）と、一九世紀後半、フランスの保護領だった時代に建設された新市街に分かれている。ヨーロッパのような街並みの新市街を東西に貫く、フランス通り。その西端のヴィクトワール広場に建つフランス門（バブ・ブハル）を境に、東側に新市街、西側に世界遺産に登録されたイスラムの城壁都市メディナが広がっている。フランスの保護領になるまで、この門を挟んで南北に城壁がのび、メディナを囲んでいた。

ヴィクトワール広場から西へのびる、ジャマー・ジトゥーナ通りが、メディナのメインストリート。この通りに沿って、人ごみに流されながら、メディナの中を歩く。狭い通りの両側には、金物細工、衣類、革製品、土産物などがところ狭しと並び、商品別の市場（スーク）が形成されている。混沌として活気に満ちた魅力ある賑わいを実感した。

そのまま真っ直ぐ西へ行くと、正面にグランドモスク。モスクに接する北側の路地に出ると、香水専門のスーク・エル・アタリンである。さらに西へ行き、メディナを出たところが、カスバ

狭い路地にずらりと店が連なるメディナのスーク

広場だ。

世界最大規模のバルド博物館のモザイクコレクション

新市街も歩く。フランス通りを東へ行くと、独立広場の北側に大聖堂、南側にフランス大使館が建っている。そのそばには路面電車も走っている。ここからは、時計塔のある一月一四日広場（旧一一月七日広場）まで、広い中央分離帯のあるハビブ・ブルギバ通りとなる。途中、南側に国立劇場が建っている。国立劇場の東側の、南北にのびる道は、大通りを挟んで、南側がカルタゴ通り、北側がパリ通り。パリ通りの一本東側の通りの名はマルセイユ通り、その東側の道にはカイロ通りの名がついている。

今回、ぜひとも見たかった

独立広場に面して建つ大聖堂

バルドー博物館で最も有名なモザイクの一つ「オデュッセウスとセイレーン」

ビュルサの丘のカルタゴの考古遺跡。右手奥にサン・ルイ教会

のが、世界一を誇るバルドー博物館のモザイクタイルの数々だ。中心市街地から四km余り西にあるここには、カルタゴ遺跡やチュニジア全土から出土したローマ帝国時代のものが収蔵されている。有名な「オデュッセウスとセイレーン」、「ヴェルギリウスと二人の女神」も間近でじっくり見ることができた。博物館内で最も壮麗な空間、カルタゴの間には、大理石でできたローマ時代の彫刻が並ぶ。

「カルタゴの考古遺跡」とシディ・ブ・サイド

チュニスの東方一二km、地中海に面するカルタゴは紀元前九世紀にフェニキア人が建設した植民市。三度にわたるローマ帝国との戦いに敗れ、徹底的に破壊された。その廃墟後にローマ文明が栄えたという歴史があり、一九七九年「カルタゴの考古遺跡」として世界文化遺産に登録された。カルタゴ発祥の地、ビュルサの丘に立つと、すぐ下に遺跡を望み、その先に地中海も眺められる。この周辺に残る、二〇世紀初頭に発見された古代カルタゴの住居跡は、紀元前二〜三世紀に築かれたものと伝えられる。アントニヌスの共同浴場は、ローマ帝国の五賢帝の一人アントニヌス・ピウスが二世紀に建造した。ビュルサの丘の上に建つサン・ルイ教会は、一八九〇年にフランスによって建てられた。

チュニジアで最も美しいといわれる街が、シディ・ブ・サイド。チュニスの北東一七㎞、地中海に面した岬に、チュニジアンブルーと呼ばれる明るい青色の窓枠と扉がある白い壁の家が建ち並ぶ。

モザイクやチュニジアンブルーを中心としたカラフルな扉がデザインされた土産物を見ながら、白い壁と青い窓枠の家々の間の道を歩く。この街の名物は、バンベローニ。リングドーナツのような揚げたお菓子だ。でき立ての熱々を食べる。ふわふわとして甘い。

スイスの画家パウル・クレーやフランスの小説家アンドレ・ジイドなど名だたる芸術家が訪れたというシディ・ブ・サイド。いま、世界中から多くの観光客が訪れるチュニジア随一の人気のリゾート地となっている。ここも、アフリカ大陸なのである。

シディ・ブ・サイドの典型的な家屋

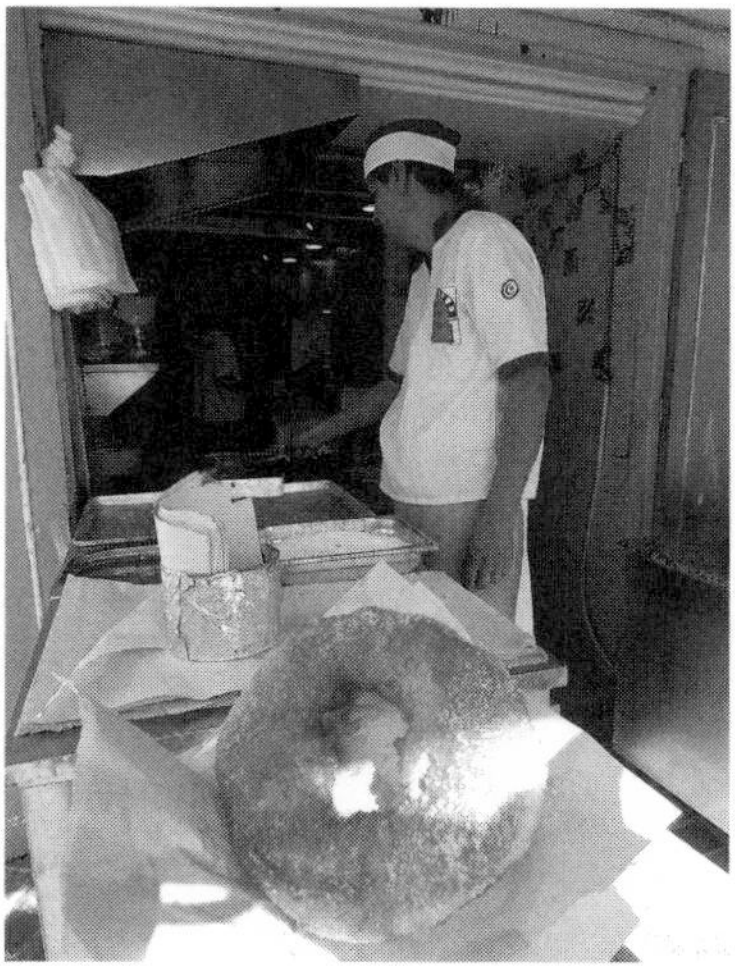
シディ・ブ・サイド名物のバンベローニ。ふわっとしたリングドーナツのような甘い菓子だ

アイルランド

ユニークな景観と文化を持つ〝緑〟の国

アイルランド人の心の故郷「タラの丘」

マーガレット・ミッチェルのベストセラー小説『風と共に去りぬ』の愛読者や同名の映画ファンにとって記憶に残る名セリフ「タラへ帰ろう」。主人公スカーレット・オハラの生家のあるタラが、作品の舞台（アメリカ・ジョージア州）にはない、ということはあまり知られていないようだ。このタラという名は、マーガレットの母方の曽祖父がアイルランドからの移民であることに関係している。アイルランドにルーツを持つ人にとっての心の故郷、聖地「タラの丘」に由来しているのだ。

ぼくは二〇一九年一二月、アイルランドを旅し、首都ダブリンから北西へ五〇数㎞、「タラの丘」を訪れた。売店で小冊子「The Tara Walk」（三・五ユーロ）を購入。「タラの丘」へ通じる道の入口に設置された説明パネルの写真を見て、全体像を把握してから歩いた。

タラの丘の立石

聖パトリック像の前を通って歩いていくと、右手に、新石器時代の墓「捕虜の墓」。その先、丘の頂《いただき》に、こんもりしたものが二つ見える。その一方の、石が立っている周囲一㎞ほどの円形のものが「王座」である。ぬかるんだ道を転ばないように足元に注意しながら「タラの丘」に登り、一九八〇年の夏以来三九年ぶりに、頂の立石（リア・ファル）に触れた。丘の上に立ち、三六〇度ゆっくり回りながら眺めたアイルランドの風景は、三九年前の記憶にあるものと変わりなかった。

移民として世界各地に渡ったアイリッシュ、ケルトの人々の心の故郷、タラ。一九世紀、ダニエル・オコンネルが、ここタラの丘でアイルランド自治を訴えるために開いた集会には一〇〇万人ものアイルランド人が集まったと伝えられている。

墓地の十字架には、普通の十字架に円環が組み合わされている（ハイクロス）。ローマ軍の侵攻を受けなかったアイルランドには、今もケルトの伝統が受け継がれている。五世紀に聖パトリックによってアイルランドに伝えられたキリスト教は、自然崇拝だったケルト古来の宗教と融合する形で浸透していった。この円環は古来の太陽信仰、それにキリスト教にはない輪廻思想を表しているものと考えられている。

モハーの断崖からダブリンへ

アイルランドの西海岸、大西洋に突き出た断崖絶壁がモハーの断崖だ。この、世界中から観光

バレン高原。自然の石を積んだこれは、境界を示す

ケネディ、レーガン、クリントン、オバマ…。バラク・オバマ・プラザの展示

客が訪れる人気の名所を以前訪れたときは、一面の霧の中で、断崖絶壁を見ることができなかった。今回も霧の中の道を進んでモハーの断崖へ向かったが、着くころには霧が晴れ、絶壁を見ながら散策することができた。

モハーの断崖から三〇kmほど東の石灰岩地帯バレン高原には、「巨人のテーブル」と呼ばれる巨石の墓石（ドルメン）がある。ここもよく知られた名所。

ダブリンへ向かう七号線バイパスのドライブインの二階には、新しい観光スポット「バラク・オバマ・プラザ」がある。四四代アメリカ大統領バラク・オバマの母方の六代前の先祖がアイルランド人で、二〇一一年にオバマ大統領がこの地を訪れたことが縁で、二〇一四年のアメリカ独立記念日七月四日にオープンした。入り口にオバマ夫妻のパネルがあり、館内にはオバマの胸部像をはじめ、アイルランドにルーツを持つケネディ、レーガン、クリントン元大統領のパネルも展示されている。

ダブリンでアイルランドの歴史と文化を見る

ダブリン市内を流れるリフィー川の北岸カスタム・ハウス・キーに、帆船ジーニー・ジョンストン号が停泊している。一八四五年から五二年にかけて、大飢饉がアイルランドを襲った。そのときアイルランド人をアメリカへ運んだ船を二〇〇二年に復元したもので、現在飢餓博物館になっている。この船の近くや市民の憩いの公園セント・スティーブンス・グリーンなどに、一〇〇万人もの死者を出し、一〇〇万人が海外へ移住したという大飢餓のモニュメントが設置されている。

首都ダブリンのメインストリートは、オコンネル通り。リフィー川に架かるオコンネル橋の北側のたもとに、オコンネルの銅像が立っている。一本上流のハーフペニー橋は歩行者専用橋。橋の南側に広がるテンプル・バーは、生演奏のあるバーやレストラン、カフェなどが集まる、ダブリンで最も賑わう地区だ。ここで、夜、生演奏を

テンプル・バーの夜の賑わい。リフィー川南岸の再開発により、バー、レストラン、カフェが集まる

トリニティ・カレッジのオールド・ライブラリー。アイルランド最古の大学も観光名所に

ギネスビールの、こんな看板も

羊肉を使ったアイリッシュシチュー

聴きながら本場のギネスビールを飲んだ。一パイント、六・八ユーロ。

国立美術館で、フェルメールの「手紙を書く婦人と召使」を鑑賞する。サミュエル・ベケットやオスカー・ワイルド、ジョナサン・スウィフトなどの文豪が卒業したアイルランド最古の大学トリニティ・カレッジの観光名所オールド・ライブラリーも見学した。

アイルランドのポストは緑色。国旗は、緑、白、オレンジの三色。国花は三つ葉のクローバー、シャムロックで、土産物として購入したカップなどには緑色のシャムロックが描かれている。アイルランドのシンボルカラー、緑色が、至るところにあしらわれている。

石の上に寝そべっているような、メリオンスクエアのオスカー・ワイルド像。リフィー川岸で見かけたロープを引っ張る男の銅像。そんなちょっと変わった銅像を見ながら、雨の降る中、ダブリンのまち歩きを楽しんだ。

カッパドキア ―― トルコ

自然が育んだ岩石地帯に文化が息づき、独特の景観を生む

感激の気球の旅、だったが……

雪景色のカッパドキア上空を気球が飛ぶ

三度目のトルコ。今回の旅の最大の目的は、これまで叶わなかった、カッパドキアで気球に乗ることだった。二〇二〇年二月二日午後二時を回ったとき、ぼくが乗った気球は宙に浮いた。気球は天候の影響を受けやすく、毎日飛ぶわけではない。前日の一日は雪の影響で飛ばず、翌日の三日は風の影響で飛ばなかった。今回、念願の気球に乗ることができて、本当に良かった。三度目の正直である。同乗者は、観光客一〇数人と気球を操作する男、それに乗客の安全を看視する男。

「ゴー」。時折、ガスが吹き出る音がする。観光客の、感嘆の声。ほかに、音はない。「あれが、ギョ

レメ野外博物館？」。看視役の男に場所の確認をする。風に流されながら、ゆっくり上昇していく。かなり高くまで上がったなと思っていると、看視役の男が「いま、高さ七〇〇ｍ」と言った。

ローズバレー上空から眺めるカッパドキアのパノラマ。雪景色、奇岩の数々、宙に浮かぶカラフルないくつもの気球。感激だ。気球には広告が書かれている。広告主はアメリカ、中国、韓国の企業で、日本企業のものは見なかった。

気球が高度を下げてくると、台車を連結した車が気球の下にやってくる。午後三時一八分、台車の上に、静かに着地。一時間の気球の旅は快適だった。気球を降りると、シャンパンではなく、炭酸の入ったソフトドリンクのサービス。そして、FLIGHT CERTIFICATEと書かれたフライト証明書が配られる。同時に飛行中の様子を撮影した動画の販売。動画をコピーしたUSBメモリーの料金は日本円で二〇〇〇円。購入したのは、ぼく一人だけ。後でパソコンで見ると、映像は固定カメラ一台で撮られたもので、映っているのはカメラの下の人物のみ。外の風景も、ぼくの姿も、まったく映っていなかった。

奇岩群の核心部を歩く

カッパドキアはトルコのアナトリア高原中央部に広がる奇岩地帯。様ざまな形状の岩の塊、岩山に掘られた洞窟住居、洞窟教会や修道院、キリスト教壁画、地下数一〇ｍに掘り下げられた地下都市。これらを見るために、世界中から観光客がやってくる、トルコ最大の観光名所である。

キノコのような形状の奇岩。これを日本では「キノコ岩」と呼ぶが、現地では「妖精の煙突」という。火山の噴火活動によって噴出した火山灰と溶岩の互層が、長い風化作用によって差別浸食を受けた。火山灰が固まってできた凝灰《ぎょうかい》岩は風化作用に弱く、溶岩（玄武《げんぶ》岩）が乗った柱の部分だけ残り、このようなユニークな形になった。

その中でも有名な観光名所となっているのが、ガイドブックに必ず写真が載っている、シメジのような形をしたパシャバーの「キノコ岩」、それに、ラクダのような形をしたデヴレント谷の「ラクダ岩」。今回、雪景色の中で、これらの岩を見た。

パシャバー地区は、カッパドキアの中でも「妖精の煙突」が数多く分布し、美しい形状のものもあり、観光客に人気の場所となっている。両側に「妖精の煙突」が続く道を歩く。警察官の駐

観光客の人気を集めるデヴレント谷のラクダ岩

パシャバー地区で「妖精の煙突」を利用してつくられた洞窟教会を見学する観光客

在所も、繰り抜かれた岩の中にある。洞窟教会に入ると、そこからも岩穴の先に「妖精の煙突」が見えた。

「岩」に根差した文化

ウチヒサルには、紀元前一五世紀のヒッタイトの時代から城塞として使われていた岩山があり、その麓に小さな村が開けている。この岩山の表面に数多くの穴、「鳩の家」と呼ばれる鳩の巣が開《あ》いている。資源の少ない村では、住民は昔からこの鳩の糞をブドウ畑の肥料として活用してきた。

ギョレメ野外博物館

道端の露店では、道路脇に立って写真を撮る観光客目当てに、土産物が並ぶ。ウチヒサルの北東側に、ギョレメの谷が広がる。

ギョレメ野外博物館の観光の目玉は、教会内部の壁画だ。中は撮影禁止のため、壁画の写真を撮ることはできない。仕方なく、観光客は、入り口を入ってすぐ目にする、壁画を紹介するパネルの写真を撮って、我慢する。凝灰岩を繰り抜いて造られた教会は崩れやすく、外側がセメントで覆われているものもある。

カッパドキアの観光名所で忘れてはならないのが、地下都市だ。今回も、カイマクルの地下都市に入った。入ってすぐにあるのが動物小屋で、小さい穴は餌置き場。赤い矢印に従って、地下四階まで、狭いトンネルの通路を屈んだ格好のまま歩いていく。台所もあれば、教会もある。戻るときは青い矢印に従って歩く。約三〇分間の地下都市観光だ。

これらは、複合遺産「ギョレメ国立公園とカッパドキアの岩窟群」として、一九八五年にユネスコの世界遺産に登録された。

この日の昼食は、カッパドキア名物の壺焼きケバブ。羊肉の煮物で、ビーフシチューのような味だ。夕食は洞窟レストランでベリーダンスを見ながら、川魚のグリルを堪能。これはうまかった。

カイマクル地下都市。地下に掘られた穴の中に、台所や教会などが配置されている

カッパドキア名物の壺焼きケバブ

壺焼きケバブ。皿に盛られた様子

絨毯《じゅうたん》も、カッパドキアの名物だ。工房を訪れ、チャイを飲みながら値段の交渉をする。今回もまた、色染めをしていない茶、黒、白の羊の毛をそのまま編んでつくられた、古都カイセリ特産の絨毯を購入した。

宿は、オルタヒサルの洞窟ホテル。ホテルのテラスから、奇岩の要塞オルタヒサルの夜景を間近に眺めながら、ゆったりとしたときを過ごすことができる。

アムステルダム――オランダ

扇のように運河が張り巡らされた水の都

東京駅のモデルとなったことで知られるアムステルダム中央駅

運河網の整備で市域を拡大

東京都千代田区丸の内丸ビル、その南東の角の歩道に、オランダの帆船《はんせん》「デ・リーフデ号」のモニュメントがある。一九八〇年に当時のオランダ首相から日本に贈られたものだ。一六〇〇年四月一九日、デ・リーフデ号は、現在の大分県臼杵《うすき》市に漂着した。その船に乗っていたヤン・ヨーステンは、後に将軍徳川家康の顧問として仕え、江戸屋敷を与えられた。そのことが、八重洲の地名のもととなった。

また、東京駅は、オランダのアムステルダム中央駅をモデルにして造られた。参考にしたのは赤レンガの外観だけでなく、軟弱な地盤の上に建つ駅舎の地下の地盤構造。河口の湿地に建つアムステルダム中央駅の地下には、建物を支えるために、何本もの杭が埋め込まれている。東京駅が近年改修工事を行った際、東京駅の地下にも、何千本もの杭が埋め込まれていることがわかった。そのおかげで、あの関東大震災にも耐えたのだ。

アムステルダムは、オランダ語で「アムステル川の堤防（ダム）」という意味。一三世紀、アムステル川が南からゾイデル海（現アイセル湖）にそそぐ河口の湿地に、ダムが造られた。一六世紀には貿易港として繁栄。シンゲル、ヘーレン、カイゼル、プリンセンなどの名がついた環状の運河網を整備して排水し、運河に挟まれた内側の湿地を埋め立てることによって市街地を拡大していった。北のアムステルダム港を背にした中央駅を中心に、扇状に幾重にも運河が巡らされた現在の街の姿になった。

運河に面して、レンガ造りや切妻造りの住宅が建設された。港から入った物資は運河を通って、街の隅々まで運ばれた。この運河を通じて、ヨーロッパ中を行き来することができるのだ。

一番人気はクルーズ観光

旧市街から一番外側のジンフェルグラハト運河まで、「アムステルダムのシンゲル運河内の一七世紀の環状運河地区」として、二〇一〇年、世界文化遺産に登録された。

旧市街の中心は、ダム広場だ。広場西側の立派な建物は、迎賓館として使われている王宮である。一七世紀に市庁舎として建てられたが、フランス侵略時代の一八〇八年、ナポレオンの弟ルイ・ボナパルトがオランダ王となり、王宮としたため、現在でもこう呼ばれている。

運河の船着場

ダム広場からショッピングストリート、カルファ通りを南へ歩いていくと、ムント塔のあるムント広場に出る。シンゲル沿いに街を取り囲んでいた一五世紀に造られた城壁が一七世紀に取り壊されたが、城壁の一部で見張り塔だったこの塔は残り、塔の上に時計台が設置された。

アムステルダム観光の一番人気は、街中の運河を巡るクルーズだ。運河に沿って連なる家々を眺め、イヤホンガイドから流れる日本語の説明を聞く。橋をすれすれに潜《くぐ》り、運河交差点を行き交うクルーズ船。停泊している船を見ると、そこで生活する人もいる。

運河に沿った道を走るトラムが見える。トラムはアムステルダム市内の重要な陸上公共交通だ。また、平たんなアムステルダムでは、自転車が重要な陸上の移動手段である。運河に架かる橋の上には、自転車がびっしり停《と》めてある。

三大巨匠の作品を鑑賞

中央駅の南、港へ通じる運河沿いに建つ聖ニコラス教会は、一八八七年建立のカトリック教会。聖ニコラスは船乗りたちの守護聖人で、サンタクロースのモデルともいわれる。船をイメージしたような緑の建物は、科学技術センター。関西国際空港の設計でも知られるイタリア人建築家レンゾ・ピアノの作品だ。

プリンセン運河に面して建つのは、『アンネの日記』で知られるアンネ・フランクが第二次世界大戦時に強制収容所に送られるまで隠れ住んだ家。このアンネ・フランクの家の前には観光客の列ができている。その南側には、アムステルダムで一番高い塔（八五m）のあるプロテスタントの西教会（一六三一年建造）が建ち、中にはレンブラントの墓がある。

レンブラント、フェルメール、ゴッホ。オランダ絵画の三大巨匠の代表的な作品を、アムステルダムで鑑賞することができる。

聖ニコラス教会。聖ニコラスは船乗りたちの守護聖人で、サンタクロースのモデルともいわれる

アムステルダム国立博物館（美術館）にて、レンブラントの「夜警」を鑑賞する観光客

一八八五年に開館したアムステルダム国立博物館（美術館）は、中央駅と同じペトルス・カイパースの設計だ。ここでフェルメール「牛乳を注ぐ女」「窓辺で手紙を読む女」のほか、レンブラント「夜警」など、有名な絵の数々をじっくり鑑賞し、写真も撮ることができた。ダイヤモンドの研磨工場、それに、チューリップ市場も見学。ハイネケンビールを飲みながら、インドネシア料理も味わった。ここでの支払いは、ダッチアカウント。割り勘だ。

風車のある風景

ザーンセ・スカンスの風車と自転車のある風景。平たんな低地であることがわかる

風車のある風景を求めて、アムステルダムの郊外北へ約一五km、ザーンセ・スカンスを訪れた。オランダの公式名ネーデルラントは「低地」を意味する。国土の三割は浅い海を干拓して造成した海面下の土地（ポルダー）だ。耕地と住居を確保するために造られたのが排水用風車である。水辺の住宅地を歩くと、水位が地表面ぎりぎりまで迫っているのがわかる。

世界中からやってくる観光客が心に思い描く、風車のある風景。その期待通りの風景が、ここにある。

ウルグアイ

南米に残された大航海時代の刻印

モンテビデオのランドマーク、サルボ宮殿

地球の反対側に位置する遠い国

サッカーのワールドカップ、その第一回は一九三〇年に南米のウルグアイで開催された。優勝国は、ウルグアイ。一九二四年のパリオリンピック、続く一九二八年のアムステルダムオリンピックでは、サッカーで金メダルを獲得している。かつて、ウルグアイはサッカー最強国だったのだ。そのころのウルグアイはまた、福祉国家で、「南米のスイス」と称されるほど経済的にも豊かだった。

近年では〝世界一貧しい大統領〟として有名なホセ・ムヒカ元ウルグアイ大統領が二〇一六年に来日して、多くの日本人の心に残る素晴らしい言葉を残していったことは記憶に新しい。

ウルグアイの正式国名は、ウルグアイ東方共和国。北〜東はブラジルに接し、西はラ・プラタ川の対岸にアルゼンチンがある。面積は日本の二分の一弱で、人口は約三四〇万人。国土の九〇％以上が牧場で、ガウチョ（カウボーイ）の国と呼ばれるほど牧畜が盛んだ。

日本とは地球のちょうど反対側に位置するこの南米の国は遠かった。成田を出発、ニューヨーク、ブエノス・アイレスを経由して首都モンテビデオのカラスコ国際空港まで、三三時間。日本との時差は一二時間で昼と夜がまったく逆。季節も逆で、七月は冬だ。北緯と南緯の違いはあるが、関東以西の本州とほぼ同緯度に位置している。

街にタンゴが流れる

ぼくがこの国へやってきて初めて耳にした音楽はタンゴだった。空港に着き、ターミナルビルへ向かうバスの中に流れていた。

タンゴといえばアルゼンチン・タンゴといわれるように、起源は一九世紀末のアルゼンチン。男女が一組になって身体を密着させ、テンポよく情熱的に踊るダンスとともに、曲の方も、なんとも魅力的である。

「ラ・クンパルシータ」というアルゼンチン・タンゴの名曲がある。タンゴ、というとこの曲を思い浮かべる人も多いと思う。この古典的な名曲は、ウルグアイ出身のヘラルド・マトス・ロドリゲスが一九一七年に作曲したもの。モンテビデオには週末にタンゴの生演奏が行われるカフェがある。歴史あるソリス劇場でもタンゴのコンサートが開かれる。この国では至るところにタンゴが存在し、人びとの心の中には深くタンゴが根付いている。アルゼンチン・タンゴといわれるからといって、タンゴが盛んなのはアルゼンチンだけではないのだ。

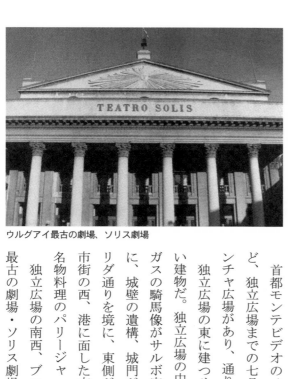

ウルグアイ人なら誰もが持っている物

首都モンテビデオのメインストリートは、市庁舎から西へ一kmほど、独立広場までの七月一八日通り。途中、多くのバスが通るカガンチャ広場があり、通り沿いにホテルやレストラン、カフェが並ぶ。独立広場の東に建つサルボ宮殿は高さ九五mで、ウルグアイ一高い建物だ。独立広場の中央に、ウルグアイ独立の英雄ホセ・アルティガスの騎馬像がサルボ宮殿の方を向いて立っている。独立広場の西に、城壁の遺構、城門がある。独立広場の北側を南北にのびるフロリダ通りを境に、東側が新市街、西側が旧市街に分かれている。旧市街の西、港に面した市場内のレストランやカフェは大賑わいだ。名物料理のパリージャ（焼肉）の店は観光客にも人気がある。

ウルグアイ最古の劇場、ソリス劇場

独立広場の南西、ブエノス・アイレス通りに面して、ウルグアイ最古の劇場・ソリス劇場が建っている。この劇場での初演は一八五

ソリス劇場の前で会った、演劇を学ぶ若者たち。中央の女性が手にしているのは、マテ茶の入ったマテ壺

六年の独立記念日、八月二五日。アルゼンチンの首都ブエノス・アイレスのコロン劇場より古い歴史を持つ。

　このソリス劇場の前で、演劇を学ぶ若者たちに会った。手にしているのは、マテ茶の入ったマテ壺である。マテ茶の入った湯沸かしポット持参でデートする若者カップルも見かけた。アルゼンチン人とウルグアイ人を見分けるには、マテ壺を持っているかどうか、持っているのがウルグアイ人である、といわれるほど、マテ茶はこの国の人びとにとっての国民的な飲み物だ。いろいろなマテ壺が並ぶ露店で、女性がマテ壺を持ち、マテ茶を飲みながら店番している。ここでぼくも、マテ壺を購入した。

コロニアは街全体が博物館

　この国の世界遺産の一つが、一九九五年に登録された「コロニア・デル・サクラメントの歴史的街並み」。ラ・プラタ川に面した人口約二万人の小さな港町で、通称はコロニア。一六八〇年にポルトガルがスペイン領内に築いた港湾都市だ。その後、スペインとポルトガルはこの地を巡って争い、一七七七年にスペインの支配下に置かれるまで、破壊と修復を繰り返しながら、両国の文化が融合したコロニア様式の建築物が立ち並ぶこの街が形成された。

コロニア・デル・サクラメントの石畳の道

コロニアではクラッシックカーが走っている

アズレージョ（装飾タイル絵）で描かれた古地図や、スペインとポルトガルの争いの歴史が刻まれた旧市街の石畳の道を歩く。至るところに青タイルの表示。クラシックカーが何台も普通に走っている。リアカーを引いている人もおり、タイムスリップしたかのようだ。

　コロニアからフェリーに乗れば、ラ・プラタ川対岸のアルゼンチン、ブエノス・アイレスまで一時間の船旅である。

ジョージア

旧ソ連を構成した国で、固有の食と文化を堪能

ナリカラ要塞からの眺め

恵まれた観光資源

加藤登紀子が歌った「百万本のバラ」の歌中に出てくる絵描きのモデルとなったピロスマニは、一八六二年、ジョージアの首都トビリシに生まれた。トビリシの国立美術館三階、一番奥の部屋で、ピロスマニが描くジョージアの風景、人、動物など、素朴で、不思議な魅力がある絵の数々を、じっくり鑑賞した。

ジョージアの面積は約七万㎢、人口は約四〇〇万人。旧ソ連を構成する共和国の一つで、一九九一年、旧ソ連から独立した。日本でこの国をジョージアと呼ぶようになったのは二〇一五年四月からで、それまではグルジアと呼んでいた。

トビリシ市内のレストランで味わった最初の食事は、サラダ、スープの後、チーズ入りのジョージア特製ピザ生地のようなパン「ハチャ

プリ」。メインディッシュはチョウザメ料理。この国を代表するカズベク山がラベルに描かれた、カズベギビールも飲んだ。

トビリシ市内を北西から南東方向に流れるムトゥクヴァリ川が、蛇行して、流れの向きを南から東へ変える辺りの右岸、ナリカラ要塞の下に、旧市街は広がっている。

旧市街の路地を歩くと、木造の民家が並び、透かし彫りの彫刻をあしらったペルシャ風のバルコニーのある家もある。ナリカラ要塞からは、すぐ下に旧市街の人びとの暮らしの様子が見える。方形で太めのミナレットのあるモスクの下に、饅頭のようにデコボコしたものがある。公衆浴場だ。中にはいくつもの部屋がある。伝統的な蒸し風呂のあるサウナで、浴槽もある。トビリシのトビリは、ジョージア語で「温かい」を意味する言葉。昔から温泉のある土地だったのである。

川の手前にあるとんがり帽子のような塔のあるシオニ大聖堂は、六世紀に創建された、ジョージア正教会の総本山。ムトゥクヴァリ川に面して対岸の切り立った崖の上に建つ教会はメテヒ教会。教会の前には、五世紀にムツヘタからトビリシに遷都したときの

トビリシの旧市街を歩く。カフェで憩う男性たち

公衆浴場（手前）とシオニ大聖堂（左奥）

ムツヘタにある、ジョージア最古の教会といわれるスヴェティ・ツホヴェリ大聖堂

ムトゥクヴァリ川とアラグヴィ川の合流する所に、世界遺産の古都ムツヘタがある

イベリア王で、トビリシの創設者ワフタング・ゴルガサリの騎馬像が立っている。

自由広場が旧市街と新市街の境目で、自由広場から北へ、地下鉄ルスタヴェリ駅までのびるルスタヴェリ大通りがメインストリート。新市街のこの通りに面して、国立博物館、国会議事堂、中央郵便局、オペラ・バレエ劇場、それに、国立美術館などが建っている。

トビリシから北へ約二㎞、ムトゥクヴァリ川と北から流れてきたアラグヴィ川との合流するところにムツヘタがある。ムツヘタはジョージアの旧首都だ。ジョージア最古といわれるスヴェティ・ツホヴェリ大聖堂を含め、街全体が「ムツヘタの歴史的建造物群」として、一九九四年に世界文化遺産に登録された。

アラグヴィ川の左岸、合流地点の東側の山の上にジュワリ教会が建っている。ムツヘタの全景を眺めるにはここがベストスポットだ。

軍用道路の絶景

この下を南北に走る道が、ジョージア軍用道路である。この道は、一七九九年に帝政ロシア軍がもともとあった街道を軍用車用に整備したものだ。ロシアのウラジカフカスとトビリシをカフカス山脈を縦断して結び、全長約二〇〇㎞ある。この交通の大動脈は、世界各国の観光客を魅了する人気の観光道路となっている。

ムツヘタから北へ、ジョージア軍用道路をアラグヴィ川に沿って三〇分ほど進むと、トビリシの水源、ダムでせき止められたジンヴァリ貯水池が現れる。橋を渡ると、すぐ右手に、一七世紀に建てられた要塞建築のアナヌリ教会がある。さらに北へ進む。標高約一〇〇〇ｍのパサナウリを過ぎ、くねくね曲がる山道を上っていく。海抜二〇〇〇ｍほどまで上ったところに、グダウリがある。途中に、巨大な壁画のある展望台がある。山、谷、川、滝……ここからの眺めは絶景だ。

ジョージア軍用道路で羊の群れに出くわす

最高地点の十字架峠には二三九五ｍと記された石碑があり、ここから道は下っていく。

道端で帽子や毛糸の手袋などを売る年配の夫婦。ソーセージのような形のものは、チュルチヘラ。クルミを糸に通し、ワインを作るときのブドウの搾りかすをつけ、まわりに小麦粉をまぶし、何度も重ねて干したもの。

テルギ川に沿って、所どころに見張り台のある道を下っていく。途中、道を行く羊の群に出合う。八月とあって温室内でトマトやキュウリが栽培されているシオニ村を過ぎ、ロシアとの国境手前一〇㎞ほどのカズベギ（ステパンツミンダ）へ。

クタイシの民宿で食べた伝統的なジョージアの家庭料理

ジョージアで二番目に人口が多いクタイシで民宿に泊まったとき、ジョージアの家庭料理を味わい、自家製ワインを飲んだ。食後、居間に移動し、おばあちゃんからお孫さんまで家族総出の歓迎を受ける。歌に、踊りに、大いに盛り上がった。また、「お祝いのときや新年には、子豚の丸焼きがご馳走です。丸ごとオーブンに入れて焼きます」との話も聞いた。周辺のイスラム教国と違って、ジョージアはキリスト教国。豚肉も食べる。

立派な鍾乳石や石筍を見ながら、サタプリア鍾乳洞内も歩いた。サタプリアとはジョージア語で「ハチミツの山」を意味する言葉。道端でハチミツが売られていたのも納得する。花によって、ハチミツの色がちがう。黄色いのがアカシア、色の濃いのはマロニエ。これも、ジョージアならではの味だ。

デリー —— インド

インドらしい〝旧〟とハイクラスの〝新〟との大きな隔たり

インドらしさを感じるチャンドニー・チョウク

インドらしい庶民の街　チャンドニー・チョウク

インドの首都デリー。日中の強い陽射しの中を歩くのは楽ではなかった。新市街では強烈な日の光がジリジリと直接肌を焼き、旧市街ではゴチャゴチャとした人ごみの中のムッとする暑さ。雨が降った後は、幾分かしのぎやすい。だが、湿気はかなりのもの。

デリーで最もインドらしいところ、それはムガル朝時代の都城の壁の中にあるオールドデリー、チャンドニー・チョウクだ。ここは庶民の街。インドにやってきた、と強く意識するところである。

デリー駅の南、マハトマ・ガンディー公園の南側に、東西に真っ直ぐのびる一本の道。この大通りが、昔からデリーの中心的な繁華街として栄えたチャンドニー・チョウクの都大路だった。とにかく、人、人、人が多い。タクシー、リクシャー（三輪タクシー）、それに、人、人、人。通りの両側にはありとあらゆる店が並び、ジャイナ教やヒンドゥー教、イスラム教の寺院もある。この道に直交する何本もの路地がある。そこも、人、人、人。広い通りより、この路地の方がおもしろい。

とにかく歩いてみる。道の両側には、衣類、日用品、菓子、果物などを売る間口一間半ほどの店が続く。建物は三〜四階建てで、上に行くに従って道側にせり出している。道を行くのは、荷物を頭に乗せて歩く男、やせた牛、馬車、バナナ売り、子ども、リクシャー。様ざまな人々が、ここにいる。

雑踏の中を一人で歩いていると、すぐ前を歩いていた男が、突然、ハンカチを落とした。男はハンカチを拾おうとして、しゃがむ。それに気を取られてストップ。すると、後ろにいた男がぼくのショルダーバッグの中に手を突っ込んできた。直ぐに反応して、被害は防いだ。手を突っ込んできた男は、サッといなくなった。

喫茶の作法にカーストを見る

インドではチャイをよく飲んだ。このミルクと砂糖がたっぷり入った熱い紅茶は、インドで唯一、露店で下痢になることを気にしないで飲むことのできる飲み物だ。暑いインドで、熱いチャイ。路上の「喫茶店」で、何杯も何杯も飲んだ。ティーカップのときもあれば、ガラスのコップに入って出てくることもある。

インド門。第一次世界大戦で戦死したインド兵の慰霊碑

コンノート・プレイスのレストランでメモを取りながら写真を撮っていたら、料理が下げられ、この豪華な「スペシャルランチ」が出てきた

もう一つ、やや大きめのぐい飲みほどの大きさの素焼きの器に入って出てくることがある。この素焼きの器は、チャイを飲み終わって店の主人に返すと、「バリーン」。割ってしまうのだ。この器を使うのは、本人のみ。上位カーストの者は自分より下位カーストの者が使用した物は使わない。だから、誰かが使ったらすぐ処分できるように、というわけだ。

〝本家〟も後から世界遺産に

デリーの南には、敷地が広く立派な家が続く高級住宅地がある。塀の上に細かく砕いて先の尖ったガラスを埋め込んだ家もある。チャンドニー・チョウクの街並みや、街外れで見かける掘立小屋とはあまりにも違いがある。

オールドデリーの西方、ニューデリーのコンノート・プレイスが、現在のデリーの経済、商業、ビジネス、ショッピングの中心的な地区だ。一九三三年に完成した同心円状のエリアで、交通の要所でもある。メトロの中心駅があり、市内各方面へのバスが発着する。

コンノート・プレイスの南東二・五㎞にあるインド門からも、

フマユーン廟。タージ・マハルの原型になった

ラージ・ガート。ガンディーの記念碑まで、裸足になって赤砂岩の道を歩いていく

道が放射状に何本ものびる。アーチ型の高さ四二mのこの門は、第一次世界大戦で戦死したインド兵の慰霊碑として一九三一年に完成した。戦没者の名前もある。この周辺には国立博物館、美術館、裁判所、警察署、新聞社などがあり、真っすぐ西へのびる大通りラージ・パトゥの突き当たりに大統領官邸が建っている。

インド独立の父、ヒンドゥー教徒のガンディーに墓はない。しかし、ガンディーをしのぶ聖なる場所はある。それが、ラージ・ガート。ここで、ガンディーは火葬された。緑の芝生が広がる公園の中央にガンディーの記念碑があり、いまだに多くのインド人がこの地を訪れる。門を通って、やや上り坂になった道を歩いていく。靴を脱いで靴箱に入れ、裸足になって赤砂岩の道を歩いて記念碑のそばへ。黒大理石の四角い台の上で永遠の炎が揺れている記念碑の周りを一周して、お参りした。

フマユーン廟《びょう》は、オールドデリーとは別世界。広く静かな敷地内をゆっくり歩く。中央にドームのある左右対称の建物を初めて見たとき、「タージ・マハル[注]に似ている」と思った。それもそのはず、一六世紀半ばに建てられたフマユーン廟は、ペルシャ様式を導入したインド初のイスラム廟建築で、のちに建てられたタージ・マハルの原型になった建物なのだ。タージ・マハルが世界文化遺産に登録されてから一〇年後の一九九三年、本家のフマユーン廟も「デリーのフマユーン廟」として登録されている。

※注　一七世紀半ば、当時の技術の粋を集めて建てられた総大理石、左右対称の廟。デリーの南東約一五〇㎞に位置するアーグラにある。インド・イスラム文化を代表する建築物で、一九八三年、世界文化遺産に登録された。

ラオス

アジアの原風景を感じる、三都を巡る旅

ワット・シーサケート。本堂には2000体以上の仏像が並ぶ

五つの国に囲まれた内陸国

ラオスは東南アジア諸国連合（ASEAN）加盟国の中で唯一、海と接しない内陸国である。北は中国、以下時計回りにベトナム、カンボジア、タイ、ミャンマーと国境を接する細長い国で、面積は二三・七万㎢と、日本の本州ほどの国土に約七〇〇万の人びとが暮らしている。

ラオス人民民主共和国が、正式な国名だ。一九七五年の革命以後社会主義政策をとっているが、一九八六年に「新思考」路線を打ち出し、現在は経済開放路線を推進している。一八九九年にフランス領インドシナに編入されてから一九五三年に完全独立するまで、フランスに統治されていたこともあり、市場や露店に並ぶ小ぶりのフランスパンがおいしい。

おもな産業は農林業と水力発電である。この国にとって水力発電によって得た電力は重要な輸出品だ。輸出先は、隣国のタイ。一九九二年にタイと友好協力条約を締結後、タイとの経済的な繋がりは強い。

そのタイから、一九九四年に完成したメコン川に架かるタイ＝ラオス友好橋を渡ってラオスに入国する。陸路、首都ビエンチャンに向かい、ビエンチャンからは空路、古都ルアンパバーンへ、そして南部の中心地パークセーへ飛ぶ。

その途上、飛行機の窓から眺める風景は、熱帯の密林と、大河メコン川。太く、大きく、ゆったりと蛇行するメコン川は、まるで大蛇のようだ。所どころに美しい水田風景を望む。

道路はといえば、都市部から離れると、幹線道路でもほとんどが未舗装のままだ。地肌むき出しのままの道を、街を結ぶバスが走る。屋根の上に荷物をいっぱい乗せ、密林の間の未舗装の道を一〇時間以上もかけて走っていく。国民の多くが移動の手段として利用するのは、この定期バスだ。バスターミナルには大型のバスがズラリと並び、物売りが両手いっぱいに持った品物を客のいる窓に差し出す。ターミナル周辺には様々なものを売る小屋づくりの店が並ぶ。

首都ビエンチャン

首都ビエンチャンの中心部、道の中央に、タート・ダム（黒塔）が建っている。タート・ダムの南に、一六世紀建立当時そのままの姿をとどめる寺院ワット・シーサケートがあり、本堂には二〇〇〇体以上の仏像が並ぶ。

タート・ダムの北東、パトゥーサイ公園に建つのは、パリの凱旋門をモデルに建てられた戦死者慰霊の門。一九六〇年に建築が始まったが、内部は建築途中で未完成のままだ。上の展望台からビエンチャン市内が一望できる。この門とパトゥーサイ公園は、ビエンチャンにやってくるラオス人にとって定番の観光スポットだ。

タート・ルアン。高さ45mの黄金に輝く仏塔はビエンチャンのシンボルだ。ラオス国民の信仰もあつい

ここから市内の中心部とは反対の方向に行くと、タート・ルアンがある。タートとはラオス語で仏塔を、ルアンは王様を意味する。ラオスは人口の三分の二が仏教徒といわれる。「一二月の満月の日の祭りにはたくさんの人々が集まり、ロウソクを持って、タート・ルアンの周りを三回まわる」という話を聞いた。黄金に輝く高さ四五ｍのタート・ルアンの仏塔は、ビエンチャンのシンボルであり、国内外の仏教徒からの信仰があつい、特別な仏塔なのだ。

世界遺産のルアンパバーン

一九九五年に街全体が世界遺産に登録されたルアンパバーンは、世界中の観光客から高い評価を受けている。

ルアンパバーン国立博物館は王宮だった建物で、王族が使用した家具や調度品などが並べられ、王朝時代の歴史が展示されている。

国立博物館の南に隣接して建つワット・マイは正式名を「ワット（寺）・マイ（新しい）・スワンナプーム（黄金の国土）・アハーン（美しい）」といい、文字通り美しい寺である。『ラーマーヤナ』（古代インドの叙事詩）の物語が描かれた黄金に輝く壁面のレリーフが有名だ。

ルアンパバーンの美しい水田風景

ワット・マイ。国立博物館の南に隣接して建つ、美しい寺院だ

ルアンパバーンの街中を、僧侶が日傘をさして歩く。市場（タラート・ダーラー）を訪れ、プーシーの丘からの日没風景を眺めるために、世界中から観光客がやってくる。

世界遺産都市ルアンパバーンのシンボルは、メコン川に支流のナム・カーン川が合流するところに位置するワット・シェントーンの本堂。霊柩車庫には、龍の首を持つ黄金の霊柩車が納められている。

南部の中心都市パークセー

パークセーでの宿は、元宮殿だった建物を改装した、セードーン川沿いに建つチャンパーサック・パレス・ホテルである。三一五号室のバルコニーから、ゆったり漁をする小舟を眺め、スコールの激しい雨を観察する。

パークセーでお邪魔した高床式民家の床下。この広い空間が、台所兼居間であり、休息の場となっている。休息するためのベッドも置いてある

パークセーでは、路地のぶらぶら歩きを楽しんだ。高床式の民家では、床下の広い空間が台所兼居間になっており、休息するためのベッドも置いてある。ある民家のバルコニーに立っていた男と目が合うと、にっこりして手招きをする。招きに応じて高床式の家に上がり、茶を飲む。麺もごちそうになる。子どもたちともすぐ仲良しになり、彼、ソムサニットさんの家族と楽しいときを過ごした。

ラオスは、ほかのアジア諸国に比べると情報は少ない。しかしこの国を訪れ、街や村を歩いてみると、実に魅力たっぷりであることに驚く。アジアの原風景が残っているのだ。

平遥古城の城壁

平遥古城 —— 中国

街全体が明・清時代の〝博物館〟

城郭都市の姿が保たれる

中国山西省《さんせいしょう》の省都・太原《たいげん》から南へ、約一〇〇km。平遥古城《へいようこじょう》は、かつて中国の金融の中心地として繁栄した歴史を持つ古都である。

街を取り囲む高さ約一〇mの城壁は、ほぼ方形に全長約六・四kmにわたっている。この城壁の起源は紀元前八世紀の周の時代といわれ、明代初期の一四世紀に改築、その後修復を繰り返しながら拡張された。四方を城壁で取り囲まれ、城壁の四隅に角楼が築かれた。

一歩、城壁内に足を踏み入れると、あれれ、これはいったい……。まるで、タイムスリップしてしまったかのような感覚を覚える。ここには昔の伝統的な民間建築が数多く残っており、普通に人々が暮らしているのだ。

城壁には北と南にそれぞれ一つずつ、東と西には二つずつ門がある。現地ガイドの話によると、平遥古城の別名は「亀の城」。城壁に囲まれた街全体が亀のような形をしていて、南門が亀の頭になる。井戸があって、その井戸が亀の目になるとのこと。北門が尾っぽで、東と西に二つずつある門がそれぞれ足というわけだ。

城壁の上からは、中庭の様子、洗濯物、狭い路地といった、平遥古城の中での人々の暮らしの様子を手に取るように見ることができる。以前は五mほどの幅の城壁の上をぐるりと一周歩くことができたが、現在は城壁保護のため立ち入り区間を制限している。

「中国の山西省中部にある平遥古城は、明・清（一三六八～一九一二年）時代の中国漢民族都市建築の優れたモデルといえよう。古城には完全な形で保たれた云々」と、現地で買った絵葉書セットに書いてある。この、明代の城壁がほぼ完全な形で保存されて城郭都市としての姿がそのままに残る平遥古城全体と、双林寺《そうりんじ》など周辺の歴史的建造物が、一九九七年に「平遥の古代都市」として世界文化遺産に登録された。

古都に息づく人々の暮らし

ぼくが平遥古城の中で泊まった宿は、もともとは為替業務で財を成した商家の大邸宅だったところを宿泊所に改装したもの。しゃれた今風のホテルではなく、必ずしも快適な宿とは言えなかったが、街の中に泊まり、昼も、夜も、自分のリズムで街を歩くことができたので、それで十分満足だった。

平遥古城の中心部を南北に走る明清街と、ランドマークとなっている市楼

街でよく見かける「正宗」と書かれた看板。牛肉は平遥古城の名物でもある

宿での最初の食事は羊肉の入った餃子、カラスムギの麺、ジャガイモの千切り、ウリ、トウモロコシの団子など、この土地山西省のもの。中国料理といっても色々である。

城壁内は住民以外の自動車の乗り入れは禁止。観光客の中には城門そばの乗り場から電気自動車のカートに乗る者もいるが、古城中心部は歩行者専用で、電気自動車の立ち入りも禁止である。

平遥古城のほぼ中ほど、南北に走る明清街がメインストリートだ。牛肉、鶏肉、菓子、骨董品、土産物など、通りの両側にずらっと店が並ぶ。編み物をしながら店番をする女性たち。皆、目が合うと、笑顔が返ってくる。愛想が良い。骨董品屋に並ぶ物には「骨董品に似せて新しく作った物が多い」と現地ガイドは言うが、この街自体は本物の歴史のある街だ。「正宗牛肉」のように「正宗」と書かれた看板が至るところにあるが、これは元祖とか本家といった意味を表している。

明清街の中央に見える三層の楼閣がこの街のランドマーク、市楼だ。現在の建物は一六八八年の建築で、高さは一八・五mある。明清街を北へ歩いて市楼を抜け、交差点を左折するとすぐ左に、西大街に面して古民居博物館がある。その先へ二〇〇mほど進むと、中国票号《ひょうごう》博物館

もともと商家の屋敷だったところに、複数の家族が共同で暮らす。そんなある家の中庭でのひとコマ

古民居博物館。西大街に面して建っている

（日昇昌《にっしょうしょう》）がある。票号は為替業務を中心とした私的な金融機関で、ここは中国最初の銀行だったところ。創業は清の時代、一八二三年。

博物館と見紛うような、明・清時代には商家の屋敷だったところには、庶民が何家族か共同で暮らしている。中庭で子どもたちがゲームに興じ、それを洗濯しながら見つめる母親。こんなのどかな風景がここでは見られ、歴史を超越しているかのように、人々の暮らしが営まれている。

歴史に重なり合う「現代」

城壁の上から日没の風景を眺めていると、落ちてきた太陽がどんよりとした空気の中に突然消えた。山西省は石炭の産地で、重工業地域でもある。大気汚染のため、空気がきれいとは言えない。

現在城内には五万人ぐらい住んでいるとのことだが、城内に住んでいる工場労働者を城外の別のところに住まわせ、城内人口を二万人規模にするという計画もあるらしい。

中国の交通網の変化は激しい。今は、太原から平遥古城まで、高速道路を走ると一時間半で着く。二〇一四年に平遥古城駅が開業した高速鉄道で、北京とは最短約四時間で結ばれている。

ポンペイ ―― イタリア

往時のままの姿で残された古代都市

ナポリからナポリ湾を望む。街並の向こうにそびえるのがヴェスヴィオ山

火山の噴火で消えた街

イタリアの港町ナポリを訪れるたびに、ナポリの風景、それも、地中海沿岸独特の形をした松並木の間から、湾曲するナポリ湾の展望を楽しむ。ナポリの家並みのバックにそびえる山が、噴火によってポンペイを火山灰に埋没させる大惨事を引き起こしたヴェスヴィオ山である。西暦七九年八月二四日[注]の昼過ぎ、大爆発とともに、ヴェスヴィオ山が噴火。その日の深夜から翌朝にかけて、高熱ガスと火山灰が混ざった熱雲がポンペイの街を襲った。

ポンペイの人々は、高温の火山性ガスによって一瞬のうちに窒息死、と同時に、そのときの暮らしの様子もそのままに、厚く積もった火山灰の下に封印されることになった。

一六世紀末に農民が偶然に発見したポンペイの遺跡は、一七四八年にナポリ王カルロ七世によって発掘が始められた。現在もまだ、発掘途中である。詩人ゲーテは一七八七年三月一一日にポンペイ遺跡を訪れ、思っていたより小さく狭かったと、そのときの印象を『イタリア紀行』に書いている。

古代の市民の生活を想像しながら歩く

ナポリの中央駅地下から出るヴェスヴィオ周遊鉄道に乗って、ポンペイまで、列車で約三〇分。進行方向左手にヴェスヴィオ山を望む車窓の風景を楽しみながら、ヴィッラ・ディ・ミステリ駅へ。駅を出て右へ一〇〇ｍほど行ったところに、ポンペイ遺跡への入り口、マリーナ門がある。

丸天井の門が二つ並んでおり、左側の門は歩行者用、右側の門は海から魚や塩などを運ぶ荷車用のものだった。観光客とポンペイ遺跡とが出合うこの門は、海とポンペイの街とをつなぐ物流の門でもあった。

マリーナ門。丸天井の２つの門のうち、左側は歩行者用、右側は荷車用だった。門を通り抜けると、右側に博物館の入口がある

マリーナ門から入って真っ直ぐ東へのびるポンペイのメインストリート、アボンダンツァ通りを歩く。右手に現れる建物が、ローマ時代の法廷の役割を果たしていたバジリカ。通りの左手、イオニア

式の石柱が立ち並んでいるのが、アポロンの神殿だ。

神殿の先の広場は、古代の人々の社会生活の中心地、公共広場のフォロ。フォロを左に進んでいくと、広場の先に、ジュピターの神殿が建っている。そのバックにそびえるのがヴェスヴィオ山である。

アボンダンツァ通りに戻ってさらに東へ行くと、スタビアーネ浴場。ポンペイに残る三つの浴場のなかで最古で最大の公共浴場だ。保存状態もよく、脱衣所、温浴室、熱浴室、冷温室などを見ることができる。

ジュピターの神殿

元パン屋の石臼と窯

ポンペイの商業の中心、アボンダンツァ通り沿いには、当時のパン屋、洗濯屋、居酒屋などが並んでいる。店舗の跡地には五徳と鍋、煮炊き用の器、桶、酒を汲むための柄杓、フライパン、菓子焼き機、水差しなども残る。壺や壁には絵が描かれているものもある。
車道より一段高くなっている歩道をさらに歩く。街角には牛と思われる動物の頭部の浮彫がついた公共の水汲み場、壁の落書き、街の東端には野外劇場、体育館。古代の一般市民の暮らしの世界が、ポンペイ遺

飛び石のある車道。歩道は一段高く設置されている

ギリシャ劇場を手本として紀元前に建てられた劇場。5000人を収容したという

跡にはある。

すべて、石の世界

ぼくは夏も冬もポンペイ遺跡を訪れているが、夏に歩いたときは暑かった。イタリアの強烈な夏の太陽を遮ってくれるような緑は、この古代都市にはない。あるのは、石、石、石。すべて、石の世界である。

地中海性気候なので冬の時期は雨がよく降る。石畳の車道に設置された飛び石は、雨が降ったときに歩行者が車道を渡るためのもの。飛び石と飛び石の間には、馬車が何度も通ってできた車輪の跡、轍《わだち》がはっきりと残っている。

店の前などに、歩道の縁石の角に丸い穴が開いているところがある。これは、馬を留めるのに紐を通して結んでおくためのものだ。

出土品を展示する博物館に入ると、ヴェスヴィオ山噴火の犠牲者の石膏像が何体もある。わが子を守るかのような格好をしたもの、両膝を立ててうずくまるような恰好をしたもの、顔を手で覆って横たわるもの……。どれも痛々しい。これらは、突然襲ってきた高熱の火山灰の下で朽ち果てて、遺体の形をした空洞ができ、そこに石膏を流し込むことによって復元したものだ。

ポンペイ遺跡は「ポンペイ、エルコラーノ、トッレ・アヌンツィアータの考古地区」として、一九九七年、世界遺産に登録された。

イタリアをはじめヨーロッパの各地には多くの古代の遺跡が存在しているが、そのほとんどは時代とともに都市が変化していくなかで、現在の都市の一部にその痕跡が残っているものだ。しかし、ポンペイは違う。灰に埋もれたために古代都市がそのままの姿で残ったのだ。発掘が進むにつれて、その全貌が徐々に姿を現してきている。

※注　近年の調査・研究で、噴火したのは一〇月だった可能性も指摘されている。

ブラチスラバ ―― スロバキア

旧い歴史を持つ、新しい国の首都

大統領官邸。旧市街の外側に当たるミハエル門の北側に建つ。1760年代に建てられた、バロック様式のグラサルコヴィッチ伯爵宮殿だった建物

大統領官邸も観光名所

チェコスロバキアと呼ばれていた国が、チェコとスロバキア――この二つの国に分かれたのは一九九三年のことである。スロバキアの首都ブラチスラバは国土の南西端に位置し、最も近い都市は、自国内の都市ではなく、隣国オーストリアの首都ウィーンである。ウィーンからブラチスラバまでは車で約一時間。第一次世界大戦までは路面電車で結ばれていた。いわばウィーンの郊外ともいえるところだったのだ。

旧市街への入り口であるミハエル門の北に大統領官邸が建っている。グラサルコヴィッチ伯爵宮殿だったバロック様式の建物で、一七六〇年代に建てられた。そのすぐ南に位置するホテルに泊まったときのこと。五二五号室の部屋の窓からは、広場を挟んですぐ

正面に大統領官邸の建物が見えた。夜にはライトアップされて、いっそう建物の白さが映える。その様子を撮影しようと、建物の正面に三脚を立ててカメラを向けていても、冷戦時代と違って、誰にも何も言われない。大統領官邸だからといって、そこに物々しい警備の様子は見られず、ぼくの脇をバスや乗用車が頻繁に行き交うばかりだった。

ヨーロッパ史の重要な舞台

ホテルを出て、左に曲がり、南の方へ歩いていく。右手にトリニティ教会を見て、路面電車の線路を渡ると、その先にミハエル門がある。

旧市街を取り囲む城壁のなかで取り壊されずに現在唯一残ったこの門は、一四世紀に建てられたときはゴシック様式の低層の門だった。一六世紀に現在のルネッサンス様式に改築され、一八世紀になってバロック様式の屋根が付け加えられた。現在、塔の部分は武器博物館になっている。

ライトアップされた夜のミハエル門

ミハエル門を通り抜けると、まっすぐ南へミハルスカー通りがのびている。この賑わいのある通りの両側にはカフェ、アクセサリー店、土産物屋、本屋など様々な店が並んでいる。数分歩き、金の龍の形をした張り出し看板を目印に左折し、フラン

旧市街の中心フラヴネー広場に面して建つ旧市庁舎。現在は歴史博物館になっている

ドナウ川越しに臨むブラチスラバ城。右に見える尖塔は聖マルティン教会

ス大使館のあるセドラールスカ通りを抜けると、旧市街の中心フラヴネー広場に出る。

　広場に面して旧市庁舎（現在は歴史博物館）が建ち、中央に一六世紀に造られたマキシミリアン噴水がある。旧市庁舎の塔に、黒い色をした大砲の球が埋め込まれている。これは一八〇九年にナポレオンに攻撃された、その記憶だ。旧市庁舎の中庭には、一六世紀のルネッサンス様式のアーケードがある。新古典様式の大司教宮殿の建物の正面の屋根は、大司教の帽子や紋章で飾られている。

　旧市街は、この広場からどちらの方向へ歩いても一五分ほどでその外側へ抜けてしまいそうな広さだ。フラヴネー広場から南に抜け、路面電車の線路を越えると、右から左へ流れるドナウ川にぶつかる。すぐ右手には一九七二年に開通した橋があり、鉄塔の上の空飛ぶ円盤のような建物は展望レストランだ。ウィーンは右手の上流のほうにある。現在、両都市間には定期高速旅客船が就航しており、七五分間で結ばれている。

川を背にすると、左手の高台の上に、四隅に塔を持つブラチスラバ城が見える。この城は、一八世紀にはマリー・アントワネットの母、女帝マリア・テレジアの居城にもなった。城に上り、ドナウ川のある風景、旧市街の家並みを眺める。城の内部は歴史博物館になっている。

城のふもとにある聖マルティン教会は、高さ八五ｍの塔のある、一四世紀初めに建てられた初期ロマネスク様式の建物。一五六三年から一八三〇年まで、ここでハンガリー帝国歴代の国王や王妃たちの戴冠式が行われた。マリア・テレジアの戴冠式も、ここで行われている。

発見する楽しさ

路上のマンホールから顔を出した男の視線の先には…

フラヴネー広場にはナポレオンハットをかぶった男の銅像があるベンチが置かれ、観光客の撮影スポットとなっている

気の向くままに街を歩いていると、建物の角にぴったりと張り付いて、長い望遠レンズを付けたカメラのファインダーを覗いている男がいる……と思ったら、なんと、それは、人ではなく銅像だった。そばに寄って、レンズの狙っている方向を見ると、その先には路上のマンホールから顔を出している男の銅像が見えた。マンホールから顔を出

す男の後ろに回り、視線の方向を見ると、その先に、また銅像が。シルクハットを手に持つ、笑い顔の男である。

こんな銅像を発見しながら歩くのも、いいアクセントだ。フラヴネー広場にはナポレオンハットをかぶった男の銅像が、ベンチに肘をついた姿で立っている。観光客はベンチに腰かけ、銅像と一緒に記念写真を撮っていた。

ナスカ ―― ペルー

乾いた大地に刻まれた謎の地上絵

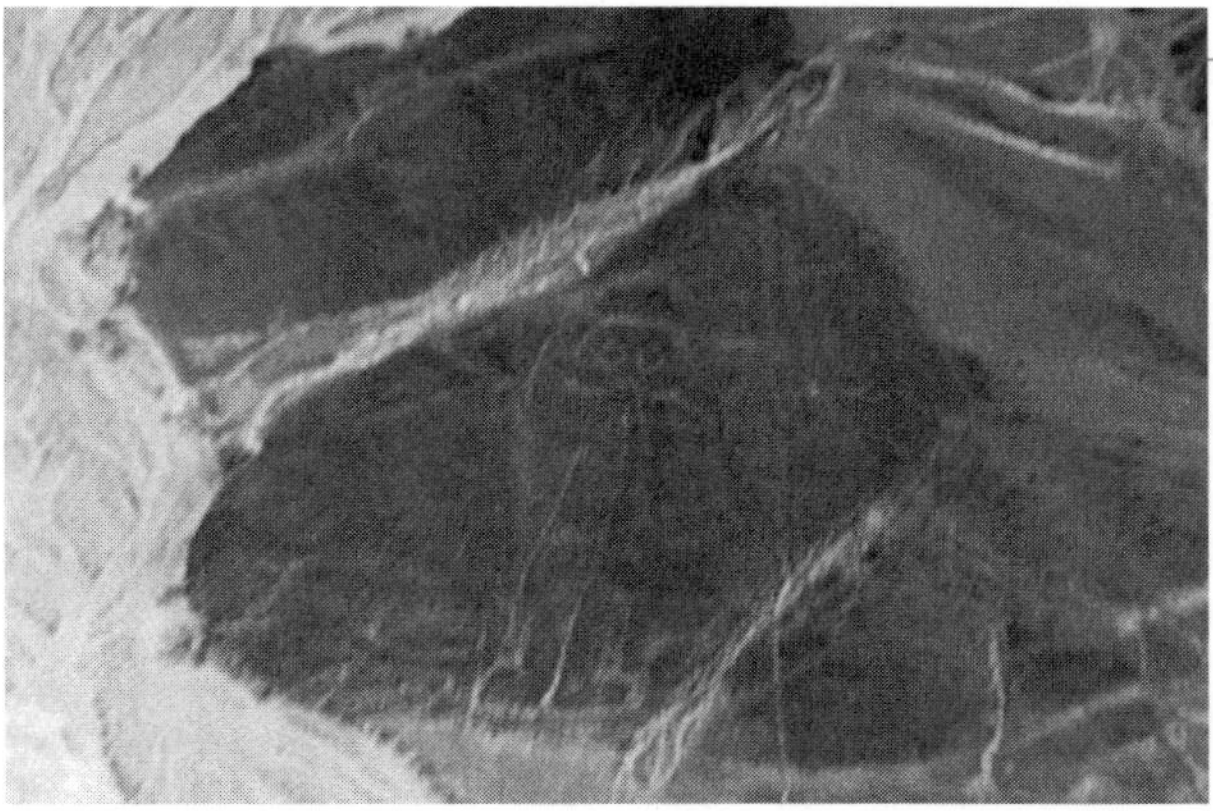
黒っぽい山の斜面に描かれている、右手を挙げた大きな目玉の「宇宙人」

地上絵を見るために、空へ

一九七九年の夏、アイスランド、それにグリーンランドで遊覧飛行を体験した。そのとき学んだことは、遊覧飛行、特に小型の飛行機に乗っての遊覧飛行は、腹いっぱい食べた昼食後に行うものではない、ということだ。

ペルー南部、首都リマから南へおよそ四〇〇㎞の乾燥地帯に広がる地上絵の数々。写真でしか見たことのなかったナスカの地上絵を実際に見ることができるのだ。高揚した気分でナスカのホテルでの朝食は軽く済ませ、午前中、ナスカの地上絵を見るための遊覧飛行専用の飛行場、ナスカ空港へ向かった。

滑走路には小型のセスナ機が並んで駐機している。遊覧飛行を待つ間、待合室に掲げてある地上絵の写真パネルをじっくり見る。

売店には地上絵の絵葉書やTシャツなどが並ぶ。店員が地上絵の描かれたTシャツを広げて見せてくれる。だが、セスナに乗る際には手荷物の制限があるので、まずは下見。買うのは、遊覧飛行に乗った後にしよう。

ぼくが乗ったセスナ機は乗客三人乗り。全員が窓側の、指示された席に着く。座席の前には嘔吐に備えて袋が用意してある。

セスナ機が滑走路に向かって進んでいく。遊覧時間は約三〇分。

空港で渡された飛行ルートに沿った地上絵が描かれたパンフレットを見ながら、乾燥したナスカの大地に描かれた何本もの直線や曲線、三角形や台形など幾何学模様を眺める。

地球の反対側、ペルーのナスカ。今、乾燥した大地に描かれた地上絵の上を飛んでいるのだ。興奮してカメラのファインダーをのぞく。だが、飛行するセスナの機内から地上絵を見つけるのは、簡単ではない。事前に写真などで見た地上絵ははっきりイメージできているが、どこにそれがあるのかすぐにはわからない。写真を撮るのも簡単ではないのだ。

写真を撮りやすいようにと、ときに操縦士が機体を降下させたり、横に傾けてくれる。ありがたいのだが、気持ちが悪くなってくる。

何に見えるかは人それぞれ

最初に確認できた動物の地上絵は「クジラ」だ。胴体の中ほどに太い線が描かれているが、口を大きく開けたクジラの姿がわかる。

黒っぽい山が見えてきた。その山肌に、右手を挙げて、大きな目玉が二つある、人の姿のような形をした地上絵が描かれている。空港でもらったパンフレットには「宇宙人」とあるが、日本のガイドブックには「宇宙飛行士」や「フクロウ人間」と書いてあるものもある。

次に見えたのは「犬」だ。空港でもらったパンフレットには犬、日本の本には「キツネ」と書いてあるものもある。続いて「コンドル」「クモ」、その後に見えてきたのは「ハチドリ」。翼を広げた大きな形をしているので、これはすぐわかった。

地上に見えるものの中で一番わかりやすいのは、まっすぐ南北にのびるはっきりとした黒い線、パン・アメリカン・ハイウエイである。これは、アラスカのフェアバンクスから太平洋岸に沿ってカナダ、アメリカ、メキシコ……

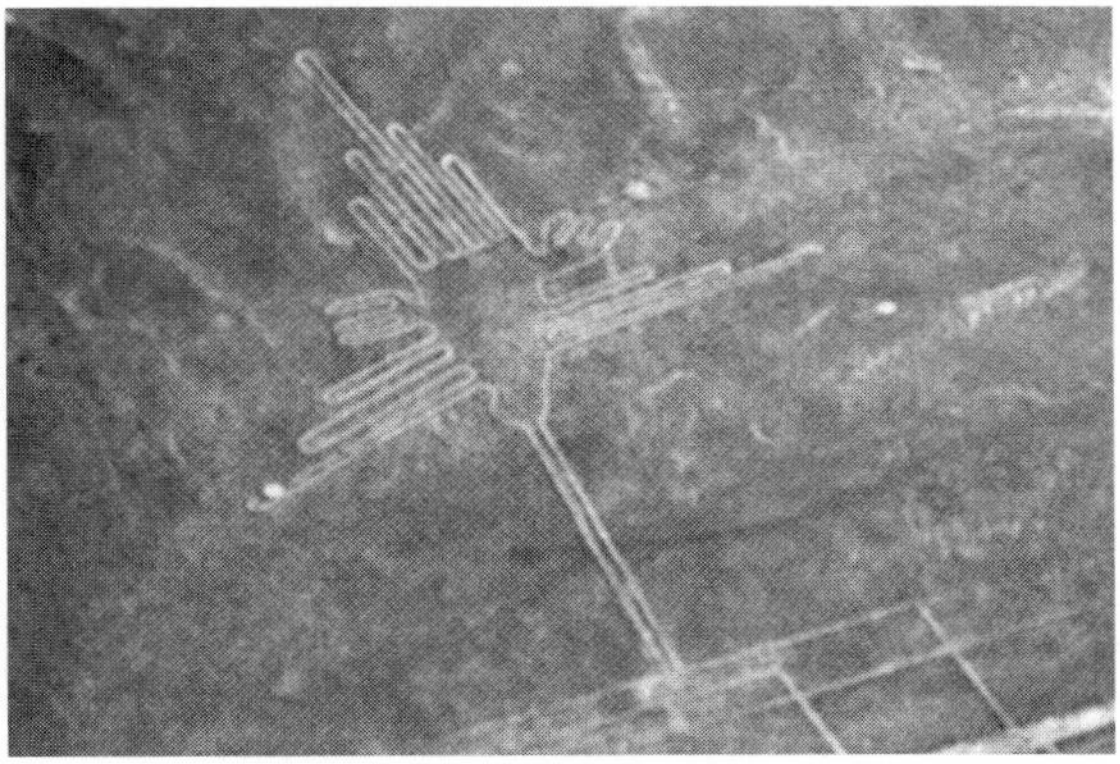

ハチドリ。翼を広げた大きな形で、比較的わかりやすい

パン・アメリカン・ハイウエイ沿いに建つミラドール

と南下し、さらにペルーを通って、アルゼンチン最南端のフェゴ島に至る国際道路だ。

道路沿いに塔が建っているのが見える。この塔はドレスデン生まれのドイツ人女性マリア・ライヘが私財を投じて一九七七年に建てた観測用のやぐら、ミラドールである。その下に「手」、上に「木」の地上絵があるのがわかる。

一瞬も無駄にできない。そんな気持ちで、カメラを向け、シャッターを切る。

日本では一般に「トンボ」の地上絵として知られているものがこちらでは「オウム」、「サギ」が「フラミンゴ」となっている。何に見えるかは、人によって様ざまだ。

日本ではトンボと言われることが多い「オウム」

遊覧飛行を楽しんだ後は、土産物屋に並ぶ絵葉書、それにTシャツを何枚も購入した。

文字を持たない人々のメッセージ

先ほど見えたミラドールに上る。階段を歩き、高さ一二mの見晴台に立つと、そこからは道路を背にして左方向、つまり南側に地上絵の「手」の一部が見える。右手の方向には「木」が広がっているのがわかる。下を見ると、道路沿いに観光客目当ての露店があり、ナスカの石などの土産物が並んでいる。

この地域は年間降水量が一〇㎜以下の乾燥地帯だ。地表は酸化によってできた暗赤褐色の砂礫《されき》が黄土色の岩盤を薄く覆っている。表面の砂礫を取り除くと、下の岩盤が現れ、色の違いから地上絵となって浮き上がる。これらの多くは一世紀から数世紀にわたってナスカの人々によって描かれたものなのだ。

ナスカの地上絵は、一九九四年、「ナスカとフマーナ平原の地上絵」として世界遺産に登録された（二〇一六年に「ナスカとパルパの地上絵」に名称変更）。文字を持たない人々が残したメッセージ、その意味することは何か——。今も多くの研究者が解明に取り組んでいる。

オビドス ―― ポルトガル

何度きても変わらない、城壁のある中世の街の風景

家並みを眺めながら、城壁の上を歩く

一九八九年、初めてのオビドス

ポルトガルの首都リスボンから北へ、六〇km余り。小高い丘の上に、街全体が城壁に取り囲まれた、人口約八〇〇人のオビドスがある。その全景を眺めながら、洋梨畑の間の道を進む。

一九八九年の春、ぼくはオビドスへ向かって旅をした。一六世紀末に造られた水道橋の下を通って、バスは城壁の外にある駐車場へ。そこから歩いて西門を通り抜け、階段を上り、城壁の上から、初めてオビドスの街を見たときの感動は忘れられない。

ぐるりと街を取り囲む城壁、石畳の道、レンガの屋根。青と黄色に縁どられた白い壁の家には青い扉と窓。洗濯物が風に揺れる。花。路地を行き交う観光客……。

城壁は、イスラム教徒が支配していた時代に造られたもので、一

六世紀に修復されて現在に至っている。最上部は風が強い。城壁の街側は柵もない。城壁の外側には墓地がある。アーモンドの木に、満開の白い花が咲いていた。

西の門、メインゲートのポルタ・ダ・ヴィラから、メインストリートのディレイタ通りを真っすぐ、ゆっくり歩いても、東の隅の高台に建つ古城まで二〇分ほどで着く。この一五世紀の古城は改装され、現在は観光客に人気のホテル、ポザーダ・カステロ・オビドスとなっている。

オビドスのメインゲート、ポルタ・ダ・ヴィラの上から、城壁内の家並みを眺める

気取りのない路地

二度目のオビドスは二〇一〇年の夏。駐車場から西門までの間に、搾りたてのオレンジジュースを売る店を発見した。その場でオレンジを半分にカットし、ギューッと押しつぶして絞り出す。カップは大小の二種類。行列に並び、大を注文する。二ユーロ。うまい。

再び城壁の上から街を眺める。二一年前に初めてこの街を訪れたときのことを思い出し、「変わってないな」と思った。あれから変わったことといえば、通貨がエスクードからユーロになったことぐらいだ。

ポルトガルの幸運の鳥、ガロがデザインされた土産物

オビドス名物のジンジャを売る女性

路地に入ると、家々の窓や庭には、ブーゲンビリアやゼラニウムなどの花が飾られ、色鮮やかに咲き乱れ、華やかだ。オビドスは、路地がいい。階段、花に彩られた路地、一年中テーブルが並ぶ路地もある。気になる路地があれば、迷わず、路地歩きを楽しむことである。

街全体が明るい。風に揺れる洗濯物の生活感に違和感がない。犬を連れたおばあさん、階段で遊ぶ子どもたち。目が合うと、こちらからニコリとして、軽いお辞儀。すると、相手からも笑顔が返ってくる。

店を覗くのも楽しみ。初めてのときは、ファド（ポルトガルの民族歌謡）のカセットテープと絵葉書を購入。二度目のこのときはポルトガルの幸運の鳥、ガロが描かれた絵皿を購入した。

とある店の外に出されたテーブルの上に、小さな器に入った赤い飲み物が乗っている。これはワインではなく、オビドス名物のジンジャ。この地方名産のサクランボの果実から造られた酒だ。アルコール度数は二〇%ほどもあって、ワインよりやや強め。一杯一ユーロ。ポルトガルのどの街でも見かけるこの国の名物スイーツ、パステル・デ・ナタ（エッグタルト）も食べる。二〇一八年の年末に訪れたときも、こうして路地歩きの途中でパステル・デ・ナタを食べ、ジンジャの立ち飲みを楽しんだ。

メインストリート、ディレイタ通り

オビドスを訪れるたびに、まずはポルタ・ダ・ヴィラを通り抜け、城壁の上から、古城までの風景を楽しむ。すぐ下に見える二股に分かれた道の左手がディレイタ通り。この通りを何度歩いたことか。

石畳の路地

アズレージョの看板

石畳の道の両側には土産物屋、カフェ、レストランが並び、メインストリートだけあって観光客の数も多い。案内標識はアズレージョ（青タイル）で表記されている。ガロがデザインされた

サンタ・マリア教会（奥）と、サンタ・マリア広場に立つペロリーニョ（左手前）

土産物の数々が露店にも並ぶ。

ディレイタ通りの中ほどの右側には、オビドスの中心地、サンタ・マリア教会の建つサンタ・マリア広場がある。この広場に立つ石柱は、ペロリーニョ。罪人のさらし柱である。一五世紀に建てられたもので、見せしめのために「籠に入れられた罪人がこの柱に吊り下げられた」とのことだ。

オビドスは、まるで中世の街を歩いているような気になる、魅力的な街である。歴史は古く、ローマ時代に砦が築かれたことにさかのぼる。イスラム教徒に征服されていた歴史もあるが、一三世紀末から一九世紀半ばまでは、代々の王妃の直轄地となっていた。そのため、オビドスには中世ヨーロッパの街並みが現在でも色濃く残っている。

オアシスの池ラビハウズのチャイハナで憩う人々

ブハラ ―― ウズベキスタン

中央アジアに拓けた、いにしえの中心的都市

オアシスの街

ウズベキスタン共和国ブハラ州の州都ブハラは、ザラフシャン川下流域に位置する歴史あるオアシス都市だ。古都サマルカンドとともにシルクロードの拠点として栄えた。この二つの都市を結ぶ交通路には、昔の商人宿キャラバンサライの跡が今も残っている。

ブハラの旧市街は「ブハラの歴史地区」として、一九九三年に世界文化遺産に登録された。初めて歩いたときにまず気づいたのは、道の真ん中に水が流れている通りがあることだ。中央アジアの乾燥した大地にあって、ブハラが水の豊かなオアシスの街であることを実感した。街のあちこちにはハウズと呼ばれる池がある。その中で最も有名なのがラビハウズだ。ラビハウズの四隅には水場に下りる石段があり、直接水に触れることができる。「これはオアシスの水で、昔はこの水を飲んでいた」と、現地のガイドが説明してくれた。池の周りは植樹されており、そのうちの一本は樹齢六〇〇年にもなるという桑の木だ。木陰にはチャイハナ（ウズベキスタン風の喫茶店）があり、市民の憩いの場になっている。

池の東に隣接する公園を歩くと、そこには、左手を上げ、ユーモラスな表情をしてロバにまたがった男の銅像が立っていた。この「男」、イスラム神学者だったフッジャ・ナスレッディンは学生に人気があったと伝えられ、ユーモアあふれる楽しい逸話もたくさん残っており、現在でもブハラの人気者となっている。

ユーモラスなフッジャ・ナスレッディン像は街の人気者

メドレセを巡り歩く

ラビハウズの東側に、ナディール・ディヴァンベギ・メドレセがある。メドレセとは、神学校のこと。一七世紀に建てられたこのメドレセの正面の壁には、爪でしっかり白い鹿をつかんだまま太陽に向かって飛んでいる二羽の鳳凰が絵タイルで描かれている。真ん中にある太陽には顔が描かれている。偶像崇拝を否定するイスラム教の教義に反するこの建物は、実はメドレセとして建てられたものではなかった。当初はキャラバンサライとして計画されていたものが、建設後、メドレセに変更されたのだ。

正面入り口から中へ入る。神学校だった時代には一階が勉強の場で、二階は住居だった。現在は、中庭をぐるりと取り囲むその建物は工房や土産物屋になっている。店に並ぶのは、土人形や絵画、彫金製品が多い。扉のある入り口が低いのは「生徒が入るときに必ず頭を下げるようにするため」とのこと。

ラビハウズの北側には、メフタル・アンバール通りを挟んでクカリダシュ・メドレセがある。一六世紀に建てられたブハラで最大のメドレセだ。

中央アジア最古の神学校ウルグベク・メドレセ

メフタル・アンバール通りを西へ行くと、交差点にタキ・テルパクフルシャンがある。その次の交差点にはタキ・ザルガロンがある。タキとは、丸屋根のあるバザールのこと。ブハラ中心部にはいくつものタキがあり、賑わっている。中でもタキ・ザルガロンは最大の規模だ。

タキ・ザルガロンの周囲には、ミル・アラブ・メドレセ、アブドゥールアジス・ハン・メドレセ、ウルグベク・メドレセの三つのメドレセが建つ。そのうちの一つ、ウルグベク[注]によって一四一八年に創設されたウルグベク・メドレセは、現存する中央アジア最古の神学校であり、ブハラ市内に残る唯一のウルグベクゆかりの建物だ。壁に描かれたイスラム模様の花のタイル絵には白、緑、青の三色が使われている。白は平和、緑は自然、青は空と水を表している。

イスラム建築の数々

ブハラ市内のどこからでも見える大きな尖塔、これがブハラのシンボル、カラーン・ミナレットである。巨大な煙突のようなこのミナレットは一一二七年に建てられた。高さは約四六ｍで、ブハラで最も高い建造物である。ミナレットの本来の役目は、一日五回、イスラム教の祈りのときを知らせることだが、このカラーン・ミナレットはこのほかにも、砂漠を行く隊商たちの道標や灯台の役目も果たしていた。

ブハラのシンボル、カラーン・ミナレット。カラーンは、タジク語で「大きい」という意

カラーン・ミナレットから西へ歩いていくと、街の中心レギスタン広場に出る。そこにあるのは城壁に囲まれたアルク城だ。一九二〇年にソ連軍に攻略されるまで、歴代のハーン（王）の居城だった。

レギスタン広場の西に、一八世紀初めに建てられたハーン専用のボラハウズ・モスクがある。彫刻が施された二〇本のクルミの柱が並ぶモスクの前には池があり、二〇世紀につくられた低いミナレットが建っている。

さらに西方にあるイスマイール・サマニ廟《びょう》は、一〇世紀初頭につくられた。イスラム初期の

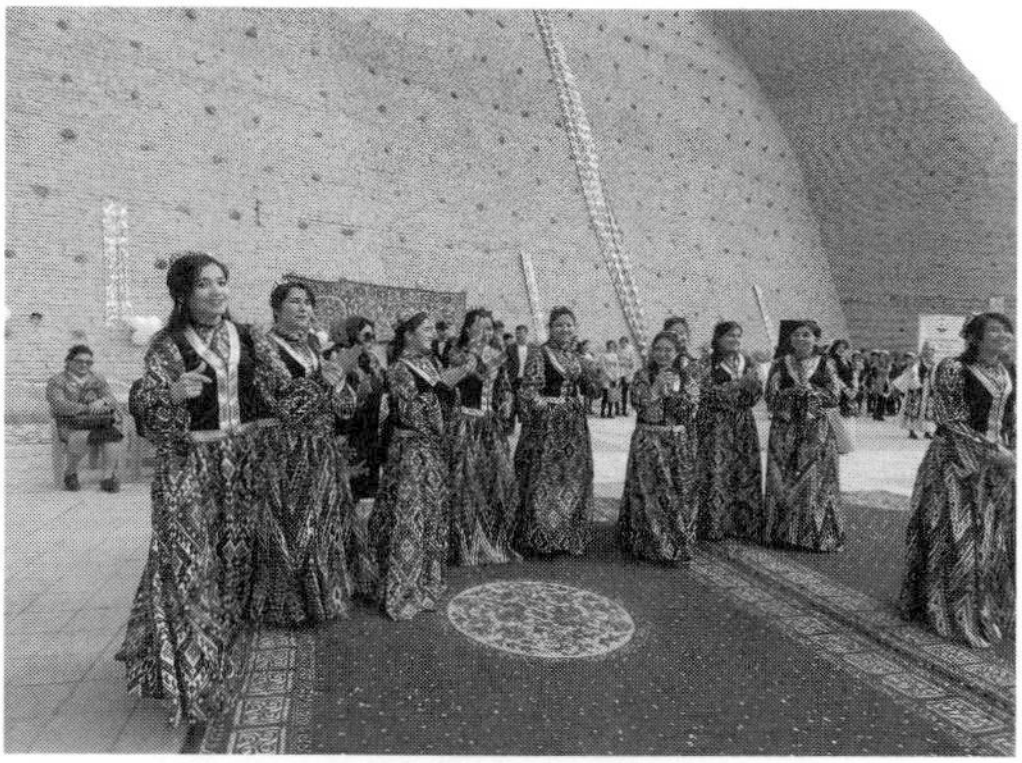

レギスタン広場で踊る、民族衣装を着た女性たち

中央アジア最古のイスラム建築イスマイール・サマニ廟

建築様式の霊廟で、中央アジア最古のイスラム建築だ。「建物の周りを反時計周りに三周しながら願い事をすると、願いがかなう」とのこと。そこで、まずは三周してから、内部を見学する。

もう一つ、現在は水の博物館になっているチャシュマ・アイユブを訪ねた。チャシュマは泉、アイユブは旧約聖書に出てくるヨブのことで、チャシュマ・アイユブは「預言者ヨブの泉」の意。そこに若者のグループがやってきた。オアシスの街に神学校の学生が集まった、いにしえの様子を連想させるものだった。

※注　ウルグベク（一三九四〜一四四九）は、一四〜一六世紀にかけて中央アジアに興ったティムール朝の第四代君主。天文学者・数学者・教育者でもあり、学芸の振興に努め、特に天文学の分野で優れた業績を残した。

アブ・シンベル神殿 ―― エジプト

世界遺産創設のきっかけとなった巨大神殿

アスワンハイダム建設を機に移築

アブ・シンベル神殿内部での撮影は禁止となっているが、入口からはOKとのことだった（大神殿）

エジプト南部にある巨大なダム、アスワンハイダムの上に立つと、上流側にはダム建設によってできたナセル湖が広がっている。旧ソ連の援助を受けて一九六〇年に建設が始まり、一〇年の歳月を経て完成した。高さは一一一m、堤防の長さは三六〇〇m。このダムができたことにより上流側の水位は上昇、その影響は五〇〇km先まで及び、ナセル湖を出現させたのである。

さて、ダムから二八〇km遡った砂岩の崖に、新王国時代[注1]第一九王朝のファラオ（王）で強大な権力を持っていたラムセス二世が岩窟を利用して造った神殿、アブ・シンベル神殿がある。アスワンハイダムが完成すると、このアブ・シンベル神殿は水没の恐れがあった。ダム建設を知ったユネスコは、着工の前年からアブ・シンベル神殿についての調査を開始、一九六〇年からは各国に向けて遺跡救済を呼びかけ、世界五〇カ国が応じた。神殿は元の場所から六四m高い場所に移されることになり、小さなブロックに切断されて移築、工事は一九六八年九月に完了した。

ナセル湖を背にしてアブ・シンベル神殿の大神殿の正面に立ったとき、しばらく足が動かなかった。感動の瞬間だった。

大神殿の正面の様子

南東を向いた大神殿のテラス上に、高さ二〇mほどのラムセス二世の石像が四体並んでいる。大神殿から右の方、方角でいうと北へ一〇〇mほど離れたところに小神殿がある。

いまは世界中から多くの観光客がアブ・シンベル神殿にやってくるが、三〇〇〇年以上ものときを経て、アブ・シンベル神殿がヨーロッパ社会に知られるようになったのは、およそ二世紀前のことである。一八一三年にこの地を訪れたスイス人旅行家ヨハン・ブルクハルトが、砂塵に埋もれ砂からわずかに顔を出していた巨大な石造物に遭遇したことによる。一八二八年にはシャンポリオン[注2]もここを訪れ、アブ・シンベル神殿を称賛した。

神像を守護するラムセス二世像

まずは全体像を認識してから、アブ・シンベル神殿のそばに寄って、一つひとつ詳しく見ることにした。

大聖堂正面のラムセス二世像は、王を守護するコブラの頭を額《ひたい》につけ、王権を表すネメス頭巾をかぶり、その上に上下エジプト王を表す二重の王冠をつけている。付け髭は王権の象徴である。足元には、ラムセス二世のもうけた数多くの子どものうちの何人かが配置されている。

左から二番目の巨像の上半身は崩れ落ち、足元にその頭部が転がっている。これは、神殿が完成してから七年後（紀元前一三世紀中ごろ）の大地震によるものだ。

入口の上には、頭上に太陽円盤

ラムセス２世像の足元には、子どもたちが配置されている（大神殿）

大神殿入口の上には、頭上に太陽円盤をいただいた太陽神ラー・ホルアクティの立像

をいただいたハヤブサの頭を持つ太陽神ラー・ホルアクティの立像が彫られている。その両側に、正義の女神マアトの小像を捧げるラムセス二世のレリーフがある。最上部を見ると、両手を広げた二二体のマントヒヒの小さな像で飾られている。

入口壁面には、ナイル川の氾濫を神格化したハピ神が女性の姿で表現されている。二人のハピ神が向かい合い、上エジプトの象徴ハスの花と下エジプトの象徴パピルスを中央で結び付けている。これは上下エジプト統一の儀式「セマ・タウイの儀式」と呼ばれているものだ。壁面にはさらに、戦争で捕虜とした者たちの姿が刻まれている。現在のシリア、トルコなどの地域の捕虜たちで、パピルスで首を縛られている。

大神殿に刻まれた、上下エジプト統一の儀式「セマ・タウイの儀式」

入口の奥は大列柱室が広がっている。幅約一七m、奥行き約一八m。左右に四本ずつ柱がある。それぞれの柱の前面には、両手を交差させたオシリス神の姿の高さ一〇mのラムセス二世の立像がある。八体のラムセス二世が四対四で向かい合っている格好だ。天井を見上げると、ハゲワシの姿のネクベト女神が描かれている。

さらに前室を経て、最奥部に四体の神像が祀《まつ》られている。二月と一〇月の年二回、この神殿まで日が差し込むという。緻密な計算に基づいて設計されていることがわかる。

王妃のために建造された小神殿

次に、小神殿に向かった。ラムセス二世が王妃ネフェルタリのために建造した岩窟神殿で、ネフェルタリとアブ・シンベルの地方神ハトフルに捧げられたものだ。

小神殿の正面。ラムセス２世の立像４体と王妃ネフェルタリの立像２体、足元には二人の間にできた子どもたちの像が刻まれている

正面には、高さ約一〇ｍのラムセス二世の立像四体とネフェルタリの立像二体が並んでいる。足元には二人の間に生まれた子どもたちの像が刻まれている。中の列柱室にはハヤブサの頭を持つホルス神が彫られた柱があり、ラムセス二世に護符の首飾りを渡すハトフル女神の壁画などがある。

アブ・シンベル神殿の見学を終えると、石造りのベンチに腰掛け、再び全体像を眺めて余韻にひたる。その後、ナセル湖の水辺を歩きながら、ラムセス二世がこの神殿を建築した三二〇〇年余り前の時代に思いをはせた。

このアブ・シンベル神殿の移築計画がきっかけとなり、一九七二年のユネスコ総会で世界遺産条約が成立し、「世界遺産」が創設された一九七八年に「ガラパゴス諸島」（エクアドル）、「イエローストーン国立公園」（アメリカ合衆国）など一二カ所が世界遺産に初めて登録され、アブ・シンベル神殿は翌一九七九年、「ヌビアの遺跡群」として登録されている。

※注1　紀元前一六～一一世紀の古代エジプト王朝。
注2　ジャン＝フランソワ・シャンポリオン（一七九〇～一八三二）。古代エジプト文字を解読し、エジプト学の父とたたえられた。

テオティワカン ―― メキシコ

謎の古代都市遺跡

月のピラミッドから死者の道（正面）、太陽のピラミッド（左奥）を望む

古代アテネに匹敵

メキシコ・シティの北約五〇㎞にあるテオティワカンは、紀元前二世紀ごろに建造されたメキシコ最大の古代都市遺跡。八〇〇年以上にわたって存在し、繁栄していた紀元三五〇〜六五〇年ごろの人口は、古代アテネの最盛期に匹敵する一五万人に達していたとされる。

貯水池や下水道も整備されていたこの古代文明都市テオティワカンは、八世紀ごろ謎の滅亡を遂げた。一四世紀に入り、廃虚となっていたこの地にやってきたアステカ人がピラミッドや宮殿などの壮大さに驚嘆。この地を神々が集い、太陽と月を創造した聖地と考え、「神々が集う場所」を意味するテオティワカンと名付けた。

「太陽のピラミッドと月のピラミッド、この二つの巨大なピラミッドを歩いて登り、頂上に立って、そこからの風景を眺めてみたい」

この強い思いが、ぼくをテオティワカンへの旅に向かわせた。墓所としてのエジプトのピラミッドと違い、テオティワカンのピラミッドは頂上まで登ることができるのだ。

遺跡を見学しつつ黒曜石製品を購入

メキシコ・シティから車で約一時間。「入り口三」から遺跡内を見ると、正面左手に月のピラミッド、右手に太陽のピラミッドがそびえている。遺跡内に入ると、右側にピラミッドがデザインされたTシャツなどの土産物を売る店が並び、左側にジャガーの宮殿とケツァルパパロトルの宮殿跡が広がっている。

テオティワカン遺跡の案内配置図、それに説明パネルを確認してから、石段を歩いて下り、ジャガーの宮殿内へ。テオティワカンのほとんどの建造物の基壇は、タルーと呼ばれる傾斜した石壁と、タブレロと呼ばれる枠がついた垂直の石壁が交互に積み上げてつくられた「タルー・タブレロ様式」でできている。石壁の所どころに点々と黒い小さな石が埋め込まれているが、これは修復した箇所を示すもの。オリジナルとの違いがわかるようになっているわけだ。

ジャガーの宮殿の壁画。ジャガーと思われる動物が、羽飾り付きのホラガイを吹いている

宮殿内の、下水機能も備えた住居跡には壁画が描かれている。ジャ

ガーと思われる動物が、羽飾り付きのホラガイを吹いている様子が描かれたものもある。ジャガーは強さの象徴であり、大地と闇の神を表している。

色鮮やかな壁画を鑑賞した後、ケツァルパパロトルの宮殿を見学し、月の広場に出た。北側に月のピラミッドがそびえ、急な階段を観光客が登っている。反対側は、大通りが真っ直ぐ南へ向かってのびている。幅四〇～六〇m、長さ四kmほどのこの「死者の道」は、アステカ人が道の両側の遺構を墓だと考えたためにこう呼ばれるようになった。死者の道の左側には、テオティワカンの中で最大の建造物、太陽のピラミッドが見える。

月の広場で土産物を売る陽気な男

月の広場で土産物を売る陽気な男につられて、黒曜石のペンダントなどを見る。テオティワカンの周辺は黒曜石の産地として有名だ。遺跡の中にも、黒曜石の加工所跡があった。ぼくも、露店などでいろいろ見てから、一〇ドルから三〇ドル程度の黒曜石の置物やペンダントなどの小物をいくつか購入した。

月のピラミッドと太陽のピラミッド

月のピラミッドは、高さ四七m、底辺一四〇×一五〇m。遺跡の中で、太陽のピラミッドに次ぐ大きさの建造物である。高さは太陽のピラミッドより二〇mほど低いが、地盤が高いところにあるので、標高はほとんど同じとのことだ。

月のピラミッドのかなり急な石段を登り、頂上に立つ。すぐ下に石段を登ってくる観光客の姿があり、その下に月の広場が広がっている。その先に、さっき月の広場から見た、真っ直ぐのびる死者の道と太陽のピラミッド。遺跡の全容を見通せるここからの眺めが、一番いい。写真でしか見たことがなかったこの風景。感激だ。しばらく眺めて過ごす。

次は太陽のピラミッドだ。

太陽の広場には、土産物を売る人たちがずらりと並んでいる。東側に太陽のピラミッドが建つ。こちらの石段も多くの観光客で賑わっている。安全に登るための注意書きが記されたパネルがあり、それを読んでから、二四八段あるという石段を登る。

頂上に立ち、展望を楽しむ。

月のピラミッド。太陽のピラミッドに次いで、テオティワカン遺跡の中で２番目の大きさだが、地盤が高いので頂上の高さはほとんど同じ

太陽のピラミッドを登ってくる観光客

太陽のピラミッドの頂上からの眺め。月のピラミッドと、その背後にセロゴルド山を遠望

北の方向に、月のピラミッド。その背後に見える山はセロゴルド山だ。

一六世紀にアステカ帝国を征服したスペイン人たちは、この遺跡の意味を理解できず、興味を示さなかった。そのため、発掘調査はメキシコ独立後の一八八四年から開始された。現在でも、全体の一〇分の一程度しか発掘されていない。この巨大建築物群は、一九八七年に「テオティワカンの古代都市」として、世界文化遺産に登録された。

遺跡のそばのレストランで、太陽のピラミッドの遠景を眺めながら、サボテンのスープや伝統料理を味わい、サボテンのジュースを飲んだ。メキシコ料理も、ユネスコの無形文化遺産に登録されており、観光客の人気を集めている。

ペテルゴフ —— ロシア

ピョートル大帝の夏の宮殿と噴水群

大宮殿の正面テラス付近の様子

自然の地形を活かして水をコントロール

ロシアの古都サンクトペテルブルクから西へ約三〇㎞、フィンランド湾に面したペテルゴフに、ピョートル大帝の夏の宮殿がある。この宮殿はフランス王ルイ一四世のヴェルサイユ宮殿に影響を受けて建築されたともいわれ、高低差のある地形に着目したピョートル大帝が水を活かした宮殿の建設を思い立ち、一七一四年に建設が始まった。

大宮殿の前のテラスに立つと、下の広い公園に、林、遊歩道、それにいろいろな噴水があるのがわかる。一五〇以上もあるというこれらの噴水は、いずれもポンプなどの動力を使わずに、自然の高低差だけを利用して水を噴き上げている。

噴水の中で一番の見どころは、大宮殿前のテラスから下の公園まで階段状に流れ落ちる大滝。流れ落ちた大量の水は、真っすぐ北へのびた人工的な水路を通って、フィンランド湾へ注いでいる。

噴水が稼働する春から秋にかけてのシーズンには、多くの観光客が、この優雅な水のある光景を見るためにやってくる。ぼくが世界の各地で今までに見てきた様ざまな噴水のなかで、最も感動したのがこの大滝の噴水群である。

大宮殿正面前のテラスからの眺め。大滝から流れ出る水は正面の運河を通ってフィンランド湾へ注いでいる

様々な意匠を凝らした噴水

バス停から歩いて、「ネプチューン（ローマ神話の海の神）の噴水」のある上の庭園を通り、土産物を売る露店でテーブルクロスなどを買い、大宮殿の西にある入り口から下の公園へ入る。

大宮殿の前に広がるテラスを歩きながら、下の公園を眺める。時刻は午前一〇時を過ぎたところ。大滝の水はまだ流れていない。大滝の西にある「イタリアの噴水」も、東にある「フランスの噴水」もまだ水が出ていない。

大滝に水が流れ、噴水から水が噴き出すのは、午前一一時からだ。公園内のほかの噴水は稼働しているので、一一時まで下の公園内を見て回ることにする。

ローマの噴水。左手奥の斜面にチェスの山の滝が見える

東の方向に歩いていくと、花壇に囲まれた「サムソンの噴水」の先に、一対の噴水が勢いよく水を噴き出している。「ローマの噴水」だ。このローマの噴水のある広場を起点に、観光客を乗せて下の公園を約三〇分で周回する連結の自動車が客を待っている。

広場の南側の斜面に、まるでチェス盤を水が流れているかのような「チェスの山の滝」がある。滝の最上部に、翼と爪を持ち口から火を吐く、西洋の神話に出てくる想像上の動物、ドラゴンの像が並んでいる。ドラゴンには泉を守護するという伝説がある。この滝の別名は「ドラゴンの滝」である。

この広場から林の中の遊歩道を北へ歩いていくと、ピョートル大帝像が見えてくる。近づくと、後ろ姿の銅像が台座の上に立っているのがわかる。正面に回って、銅像をじっくり眺める。左手にサーベルを持ち、威厳のある表情をした大男だったというピョートル大帝の銅像は、フィンランド湾の方向を見つめている。その先には、サンクトペテルブルクがある。銅像の背後、今歩いてきた林の間の遊歩道の先には「チェス盤」が見える。

水の競演に感動

下の公園には多くのリスがいて観光客を楽しませている。「太陽の噴水」、フィンランド湾に面して建つモン・プレジール宮殿の噴水「スノップ」、油断していると、急に水が噴き出て濡れてしまう「いたずらの噴水」などがあちこちにある。トイレを探して目に入ったサインは、男性用、女性用どちらも洒落たデザインだ。

公園の北側、フィンランド湾に沿って歩きながら、対岸のサンクトペテルブルクの街を遠く眺め、静かな時を過ごす——と、オッといけない、ゆっくりし過ぎた。慌てて、大滝へ。一一時が近づいてくるにつれ、観光客が大勢大滝の周りに集まってくる。一番人気は、大滝のすぐ下の、全体を見渡せる場所だ。

一一時。音楽が流れ、イタリアの噴水、フランスの噴水、それに大滝の噴水の水が、吹き出し口から一斉に噴出する。感動の一瞬である。写真でしか見たことのなかったこのピョートル大帝の宮殿の大滝。「水が噴き出す瞬間を見てみたい」。そんなぼくの長年の願いが叶ったのは、二〇一九年の夏のことだった。

観光客をかき分けて、大滝のすぐそばに寄る。ここからは 大宮殿の正面テラスから下の公園まで流れ落ちる大滝の全景を見ることができる。大滝の下にある、ライオンの口を引き裂く「サムソンの像の噴水」は必見だ。カメラを向けて、アップで撮影する。

ピョートル大帝像

ライオンの口を引き裂くサムソンの像

大滝の横の階段をゆっくり歩いて登り、大滝を見下ろすように立ち並ぶ金色に輝く銅像群のそばに立つ。その後、大宮殿前のテラスをゆっくり歩きながら、下に広がる大滝と噴水群をしっかりと目に焼き付けた。

このピョートル大帝の夏の宮殿は、一九九〇年に「サンクトペテルブルクの歴史地区と関連建造物群」の一つとして、世界文化遺産に登録されている。

ホイアン ―― ベトナム

日本との古いつながりを持つ、「海のシルクロード」の拠点

トゥボン川に沿って東西にのびるバクダン通り

異国に架かる「日本橋」

今から四〇〇年あまり前のこと、海外貿易を目指す商人たちは、船で現在のフィリピン、ベトナムなど東南アジアの各地へ乗り出していった。豊臣秀吉の時代から江戸時代の初め、幕府の鎖国政策により貿易が禁止されるまで、〈朱印状〉という公認の許可証をもって貿易をした船のことを朱印船といった。一七世紀には朱印船貿易の中継地点としてホイアンへ多くの日本人が移住し、日本人町が形成された。

ベトナム中部を流れるトゥボン川の河口に位置する港町ホイアンは、当時、中国、インド、アラブ、それにヨーロッパ諸国を結ぶ「海のシルクロード」のベトナム最大の中継貿易の拠点だった。最盛期には一〇〇〇人以上の日本人が暮らしていたともいわれるが、

来遠橋（日本橋）。ベトナムの２万ドン札にも描かれている代表的な観光名所だ

鎖国政策により帰国することになった。今でも、ここには日本人町があった痕跡が残っている。周辺の水田の中に、日本人の名前が刻まれた石碑、墓も遺されている。

ホイアンの古い街並みは、トゥボン川に並行して東西にのびる三本の通りから成っている。川側から川沿いのバクダン通り、グエンタイホック通り、そしてその北のチャンフー通りである。古都ホイアンへの入場と、指定観光名所の中から五カ所分の入場券とがセットになったチケットを持って、チャンフー通りを歩く。西の端に、屋根付きの来遠《らいえん》橋が架かっている。

この橋は、またの名を日本橋という。一五九三年に日本人によって架けられたといわれる木造の屋根付き橋だ。橋の幅は三m、長さは一八m。太鼓橋のように、橋の中央は盛り上がっていて、屋根には瓦が乗っている。鎖国政策によってこの周辺に住んでいた日本人が帰国した後、移り住んだ中国人によって何度も架け直されたため、日本橋といっても、現在の姿はどう見ても中国風で、日本風には見えない。橋の真ん中に赤字で「来遠橋」と書いてあり、その下の部屋に亀の背に乗った洪水を制する神・北帝が祀ってある。橋のたもとの片方には猿、反対側には犬の木像がある。これはサル年に工事が始まり、イヌ年に完成したためとのこと。

この橋を見るなら、夜の光ある風景がいい。

文化の交流が生んだ旧市街

来遠橋を西側へ渡ると、通りの名はグエンチミンカイ通りに変わる。橋のすぐ西側、通りに面して北側に、ベトナム、中国、日本の様式が折衷されたホイアンの伝統的な建築様式の木造家屋フンフンの家が建っている。この家は絹、香辛料、陶器などで財を成した貿易商が一七八〇年に建てたもので、今でも八代目に当たる人が住んでいる。

フンフンの家の内部。柱には黒檀が使われている

家の中に入り、見学。一階の居間の中央は、二階までの吹き抜けになっている。これは、「洪水の時、一階の荷物を二階に上げやすくするため」とのこと。柱には黒檀が使われている。二階の窓の戸は取り外しができるようになっている。その窓からは、観光客で賑わうグエンチミンカイ通り、その左手に来遠橋が見える。

二〇〇年以上前に建てられた中国広東出身の漁師の家・タンキーの家など、この街を歩くと、カラシ色の家が多いことに気づく。

来遠橋の東側のすぐそばに、一七八六年に建てられた中国広東省出身者のための同郷人集会所・廣肇《こうちょう》会館がある。チャンフー通りの中ほどに二階建ての古民家を利用した、海のシルクロード博物館（貿易陶磁博物館）があり、ここで、ホイアンを中継地点に海のシルクロードを渡った日本、中国などの陶磁器の数々、朱印船の模型や沈没船から引き揚げられた遺物などを見学。当時の世界に思いをはせる。

　さらに東へ歩いていくと、中国福建省出身者のための同郷人集会所・福建会館がある。色鮮やかなこの会館はこの街の中で最大規模。ここには天后《てんこう》聖母が祀られ、その祭壇前には赤く大きな渦巻線香が釣り下がっている。

串焼きを売る露店

福建会館。中国福建省出身者のための同郷人集会所

　その先に、ホイアンゆかりの品々や歴史を紹介しているホイアン歴史文化博物館があり、その先にホイアン市場がある。ベトナムの伝統的な帽子ノンラーをかぶり、天秤棒を担いで物を売り歩く人、そんな売り子からバナナを品定めしている人……。伝統的な絹製品製作技術が受けつがれており、様ざまな絹製品が土産物として並んでいる。

戦禍を逃れて街並みが残る

一九世紀に入ると、土砂の堆積によりトゥボン川の水深が浅くなり、大型化する船舶に対応できなくなった。そのため、貿易港としての役割は北方のダナンに取って代わられ、衰退していった。しかし、そのことによって、この独特な古い街並みが残ることになった。

ベトナム戦争の戦禍を逃れたこの街を歩くと、ベトナムの伝統的建築と東西の様ざまな文化が融合したホイアン独特の街の風景を見ることができる。この多様な文化を取り込んだ歴史ある街並みが残る港町ホイアンは、一九九九年、「古都ホイアン」として、世界遺産に登録された。

また、トゥボン川の上流三〇㎞のジャングル内に、チャンパ王国の聖地跡、世界遺産「ミーソン聖域」がある。戦禍によって多くが破壊されているものの、この遺跡の魅力はアンコールワットに引けを取らないほどだ。

近年経済発展が著しく、日本からの直行便もあるダナンから、ホイアンまでは三〇㎞の距離。日本との古い交流の痕跡が残り、どこか懐かしさを覚えるこの地を訪れる日本人は、もっと増えていい。

北アイルランド ―― イギリス

冬に旅したアイルランド島の北の果て

柱状節理を模したジャイアンツ・コーズウェイのビジターセンター

柱状節理の海岸に感激　ジャイアンツ・コーズウェイ

一二月のイギリス、北アイルランドは日中も暗い。雨がよく降る。空全体を重そうなどんよりとした雲が覆う天気の中、主都ベルファストから北西へ約八〇km、アイルランド島北端のノース海峡に面した海岸線に位置するジャイアンツ・コーズウェイを訪れた。一九八六年に「ジャイアンツ・コーズウェイとコーズウェイ海岸」として世界自然遺産に登録されたその地は、北アイルランドを代表する観光名所である。

コーズウェイホテルに隣接して建つビジターセンターは、柱状《ちゅうじょう》節理《せつり》注を模した建物。ナショナル・トラストの運営で、ジャイアンツ・コーズウェイの成り立ちについての詳しい解説展示があり、様ざまな土産物が販売されている。六角形の柱状節理の形をした陳列台も

冬の波を受けるジャイアンツ・コーズウェイの海岸の風景

ジャイアンツ・コーズウェイの海岸の柱状節理

あって、思わず頬が緩む。

ビジターセンターの先から海岸までミニバスが走っている。海岸までのバス代は片道一ポンドだが、ここではユーロでも支払いができ、一・二ユーロ。北アイルランドはEUを離脱したイギリスを構成する地域だが、アイルランド島の北部にあってユーロ圏のアイルランドとは陸続きであることを感じさせる。

まずはジャイアンツ・コーズウェイの案内図を見ながら全体像を把握。「さあ、行くぞ」と気分が高揚してくる。

途中、強く吹く風を肌で感じ、岩肌に打ち寄せる波の音を聞き、北アイルランドの大地の風景を楽しみながら、ジャイアンツ・コーズウェイの海岸まで歩いた。

冬の激しい波を受ける玄《げん》武《ぶ》岩の海岸には、柱状節理の石畳や、上へまっすぐのびる石柱群。なかには「巨人のオルガン」と名付けられた石柱もある。

海にせり出した柱状節理の石畳の上に立ち、激しく吹く風、打ち寄せる波を体感する。二〇一九年一二月一六日、長年のぼくの強い思いがやっと叶った瞬間だった。

柱状節理の海岸といえば日本では東尋坊《とうじんぼう》（福井県）が有名だが、その何倍も規模が大きいジャイアンツ・コーズウェイの地形は、約六千万年前の火山の爆発で噴出した膨大な量の溶岩が冷えて形成されたもの。この「六角形をした約四万本の石柱が約八kmに渡って連なる海岸」は、この地方に伝わる巨人伝説にちなんで「ジャイアンツ・コーズウェイ」（巨人の石道）と名付けられた。

主都の見どころを巡る　ベルファスト

ベルファストでの昼食時にレストランで食べたローストポークは、味も、量も大満足。いい気持ちになって店を出ると、店の外壁に「Taste of Ulster」（アルスターの味）の認定を受けたプレートが掲げてあることに気づいた。アルスターは中世以来の北アイルランド地方の名称だ。食は旅の大きな楽しみ。庶民の味、フィッシュアンドチップスもうまかった。

シティホールの敷地内で、クリスマスの前に開催されるクリスマスマーケットを楽しんだ（二〇一九年は一一月一六日から一二月二二日まで）。中庭に様ざまな店が並んでいる。一九〇六年に建てられたシティホールはベルファストの中心であり、シンボルだ。中央のドームの高さは五三m。正面玄関前にヴィクトリア女王像が立っている。

シティーホールのクリスマスマーケット

クリスマスマーケットで人気を集める甘いケーキ

シティホールの中に設置された
クリスマスツリー

タイタニック号沈没事故から一〇〇年目の二〇一二年、シティホール周辺はメモリアルガーデンとして整備された。イギリスのサウサンプトンからニューヨークへの初航海中、一九一二年四月一五日に沈没したタイタニック号を製造したのは、ベルファストのハーランド・アンド・ウルフ社だった。

シティホールから東へ歩いていくと、左にヴィクトリアスクエア・ショッピングモールがある。その先、ヴィクトリア通りを左折して北へ歩いていくと、ハイストリートとの交差点に「ベルファストのビッグベン」と称されるアルバート時計塔が建っている。市内各所に設置されている周辺地図を示したパネルを見ながら歩く。

市中心部の東を流れるラガン川の周辺には、ウォーターフロント・ホールや多目的施設などがある。セント・ジョージズ・マーケットは金・土・日曜日のみオープン。外観は一九世紀末のヴィクトリア朝時代に建てられた建物だが、内部は大型室内マーケットになっている。日によって販売されるものが変わり、音楽演奏などいろいろなイベントが開かれる、市民に人気のマーケットだ。

イギリスの正式名称は「グレートブリテンおよび北アイルランド連合王国」。国土はブリテン島にあるイングランド、ウェールズ、スコットランドと、アイルランド島北東部の北アイルランド、および周辺の島嶼《とうしょ》から成る。

一八〇一年にイギリスに合併されたアイルランドは一九二二年に北部のアルスター州六県（現在の北アイルランド）を除き、アイルランド島の八〇％以上が自治領として分離し、一九四九年に独立した共和国になった。北アイルランドはイギリスに残った。それが遠因で北アイルランド紛争が起こったという歴史を持つが、和平への取り組みが進み、現在は比較的治安が安定している。観光で訪れ、安心して旅を楽しむことができる。

注　火山から流れ出た溶岩が冷えて固まることでできる柱状の割れ目。

ボローニャ ― イタリア

学生の街という貌を持つ、「ローマの道」の中心都市

大学の存在が街並みを形成

11～19世紀初めまでボローニャ大学だったアルキジンナージオ宮に保存されている解剖学教室

イタリア随一の穀倉地帯をバックに控えるエミリア・ロマーニャ州の州都ボローニャは美食の街、それに学生の街である。日本でもポピュラーなスパゲティ・ボロネーゼとラザニアは、この土地の郷土料理だ。

ボローニャはローマ時代にローマ帝国が張り巡らせた「ローマの道」のひとつ、エミリア街道の中心都市として繁栄した。一一世紀に創設されたボローニャ大学はヨーロッパで最も歴史ある大学のひとつ。街の中心マッジョーレ広場から南へのびる、おしゃれな商店が軒を連ねるアルキジンナージオ通りに面して建つアルキジンナージオ宮に一

八〇三年までボローニャ大学の本部が置かれていた。

一二世紀に自治都市となり、一三世紀後半に交通の要所にある交易地として栄えたボローニャにあるこの大学では、世界初の人体解剖が行われた。いまは市立図書館になっているこの建物には昔の解剖学教室が保存されている。

自由な学風のこの大学で学ぶために中世の時代、ヨーロッパ各地から多くの学生がボローニャにやってきた。アルキジンナージオ宮の中庭の回廊、それに二階の廊下の壁や天井にはここで学んだ学生たちの出身地の紋章が描かれている。現在も、「ボローニャの人口約三七万人のうち約八万人が、ボローニャ大学で学ぶ学生です」と、現地ガイド。ボローニャの街で若者の姿を多く見かけるのも、当然のことなのである。

通りに張り巡らされたポルティコ

この街を歩いていて、もうひとつ気づいたことがある。
ボローニャには塔のある建物が多いが、ヨーロッパにはプラハなどほかにも塔の多い街はある。「あれっ」と思ったのは、多くの建物の一階が柱廊（アーケード）になっていることだ。
ポルティコと呼ばれるこの柱廊は、現地ガイドの

建物の角に書かれた通りの名を確認しながらまち歩きを楽しむ

説明によると「ヨーロッパ各地からやってくる大学の学生や教授たちに住宅を提供するために、アーケードの上に家屋を増築した中世市民の生活の知恵が始まり」とのこと。大学との関係が深いのだ。

ヨーロッパの都市のなかで、ここボローニャでは、私有地の一部をポルティコに改装することが市の方針として推奨されており、現在四二kmにわたってゴシック様式やロマネスク様式、ルネサンス様式など様々なデザインのポルティコが張り巡らされている。ポルティコがあることで、夏の強い日差しや雨から人々の暮らしが守られ、観光客にとっても歩きやすい、楽しい街になっている。

建物の角の壁に書かれた通りの名を確認しながらポルティコを歩きまわる。赤いポスト、一四世紀に造られた城壁、ガリレオの名がついた広場など様々なものを見つけることができ、興味は尽きない。

塔のある風景

ボローニャ中央駅から南へまっすぐのびるインデペンデンツァ通りを約一km、一五分ほど歩くと、街の中心マッジョーレ広場に出る。ここは住民にとっても、観光客にとっても、出会いと憩いの場だ。広場の中央に、一六世紀に彫刻家ジャンボローニャによって造られた海神ネプチューンのブロンズ像の噴水がある。「巨人ジガンテ」。この噴水のことを、ボローニャ市民は親しみを込めてこう呼んでいる。

「巨人ジガンテ」の愛称で親しまれているマッジョーレ広場の海神ネプチューンの噴水

広場の南側に、ボローニャの守護聖人を祀るサン・ペトロニオ聖堂が建っている。西側に建つのが、市庁舎（コムナーレ宮）、北側にはポデスタ宮殿とエンツォ王宮殿。屋上の中央にアレーニョの塔が建っているルネサンス様式のポデスタ宮殿は、執政長官官邸だった建物だ。冬の晴れた日、日当たりのよい一階のカフェの人気は高い。

マッジョーレ広場からリッツォーリ通りを東へ歩いていくと、数一〇〇m先のポルタ・ラベニャーナ広場に、ボローニャのシンボルである二本の塔が建っている。一二世紀のボローニャでは、皇帝派と教皇派との権力争いがあった。その争いは、どれだけ高い塔を造るかにあり、競って高さを追い求めたと伝えられている。並んで建つこの二本の塔は、ともに皇帝派だった貴族のものだ。

高い方がアシネッリの塔。高さ九七ｍの最上階まで歩いて上ることができる。低い方が高さ四八ｍのガリセンダの塔で、こちらは少し傾いている。

アシネッリの塔の狭くて急な四九八段の木の階段を歩いて上った。塔の最上階から眺める風景は、二〇世紀初めにボローニャを映した空中写真で見た風景と変わらない。一三世紀後半の建物

ボローニャのシンボル、12世紀に造られた２本の塔。左の低い方がボローニャの斜塔

様々な野菜、果物が並ぶ八百屋

が多く残る赤いレンガ色に染まる屋根の連なりの上に、ぼくが最上階にいるアシネッリの塔の影が映っていた。

夜、再びマッジョーレ広場へ。ライトアップされた市庁舎、ポデスタ宮殿、エンツォ王宮殿……。路地に入ると、土地の人で賑わう八百屋の店先には果物が並び、土産物屋にはボローニャの斜塔が描かれた絵皿がある。パン屋には様ざまな種類のチーズやパン、中には人の顔が隠れるほど大きなパンもあった。盆栽が並ぶ店もある。

ボローニャは夜、特に路地のまち歩きが、楽しい。

エフェソス ― トルコ

地中海地域屈指の古代ローマ遺跡

「古代世界の七不思議」のひとつ、アルテミス神殿

トルコ最大のローマ遺跡、エフェソスの古代遺跡は、トルコ南西部、エーゲ海地域随一の観光地でもある。ローマ帝国初代皇帝アウグストゥス（在位：紀元前二七～紀元一四年）の時代、エフェソスはアレクサンドリア（エジプト）に次いで、東地中海で二番目の都市だった。

「古代世界の七不思議」のひとつ、アルテミス神殿

エジプトのピラミッドなど「古代世界の七不思議」のひとつに数えられるアルテミス神殿。この神殿を中心に繁栄した古代都市がエフェソスだ。アルテミス神殿には高さ一九m、直径一・二mの大理石の円柱が一二七本立ち並び、その規模はアテネのパルテノン神殿がすっぽり収まるほど壮大だった。

三世紀になると北ヨーロッパから侵攻してきたゴート族による破壊を受け、その後もイスタンブールの教会建築に神殿の大理石が流用されたため、現在、アルテミス神殿の跡には土台と一本の円柱だけが立っている。

往時の文明を示す痕跡

床下暖房設備があったヴァリウスの浴場

エフェソス遺跡の入り口は北と南の二カ所。その南の入り口から遺跡内へ入る。

まずは遺跡の概略図を見てから歩き始めた。ぼくの目に最初に飛び込んできたのは、三つのアーチがある石積みのヴァリウスの浴場跡。二世紀に建てられたこの浴場は床下暖房で、典型的なローマ風呂の形を残している。

アウグストゥス帝の治世時代に建てられた列柱群を眺めながら石畳の道を先へ進んでいく。左手に広がる広場は集会や宗教行事が行われた「上のアゴラ」で、右手の劇場のような建物がオデオンである。当時のオデオンは収容人員約一四〇〇人の屋根付き劇場で、会議や音楽会が開かれていた。

オデオンのすぐ隣には市公会堂がある。この辺りが街の政治・経済

勝利の女神ニケのレリーフ。もともとはヘラクレスの門を飾るアーチとして飾られていた

活動の中枢部だった。市公会堂にはかつて聖火が灯され、消えることがなかったという。ここに残る二本の柱、プリタネイオンの柱には、一世紀のころのギリシャ語とラテン語が書かれている。

「上のアゴラ」の西側に、二本の石柱がある二階建てのドミティアヌス神殿がある。二本の柱の後ろが神殿の基礎部分になっており、ここには在位中に神格化されたローマ皇帝ドミティアヌスを祀る五〇m×一〇〇mの広い神殿が建っていた。だが、恐怖政治を行うようになったドミティアヌス帝が家臣によって暗殺された後、宮殿は取り壊された。

さて、市公会堂からさらに歩いていくと、ローマ時代末期の高名な独裁官スッラの孫でエフェソスに貢献があったメミウスの碑がある。メミウスの碑の向かいには勝利の女神ニケのレリーフが置かれている。その先に、ヘラクレスの門がある。

元々のヘラクレスの門は二階建ての凱旋門で、現在見られる柱はアーチの上にあった六本の柱のうちの二本。先ほどのニケのレリーフは、ヘラクレスの門のアーチとして飾られていたものだ。残っている二本の柱の、向かって左側の方に、強くたくましいギリシャ神話の英雄ヘラクレスの像が彫られている。おなじみの、ヘラクレスの象徴であるライオンの毛皮をまとった姿だ。

ヘラクレスの門から先へ進むと、トラヤヌスの泉。二世紀初めにトラヤヌス帝に捧げられた泉で、三角のファサードが目印だ。この泉からはアフロディーテ像をはじめ往時の像が多数発見されており、エフェソス博物館で見ることができる。

お次は美しい彫刻が残るアーチを持つハドリアヌス神殿。アーチには女神ティケ、奥の正面にメドゥーサが彫られている。

ハドリアヌス神殿。アーチに美しい彫刻が残る

壮麗な造りの図書館

緩やかな坂を下っていくと突き当りの、遺跡全体の中心部分にあたるところに、ケルスス図書館が建っている。ケルスス図書館はエフェソスのシンボルともいえる壮麗な建物だ。エフェソスを統治していたケルススをしのんで息子のティベリウスが二世紀に建立した。一階はイオニア式、二階はコリント式の柱で造られている。正面の四体の女性像は、知識・学識・聡明・高潔を象徴している。なお、この四体の女性像はレプリカで、本物はウィーンの博物館にある。

ケルスス図書館から方向を変えて北へ歩いていくと、囲いのある石畳があり、足形が刻まれている。これは古代の広告にあたるもので、娼館への案内を示しているといわれている。

南の門から入って歩いていくと、突き当りにエフェソスのシンボル、ケルスス図書館が見えてくる

エフェソスの象徴的な建物、ケルスス図書館

次に見るのは大劇場だ。この野外劇場の収容人員は二万四〇〇〇人。高さが三八mあるという観客席の最上部に歩いて上ることができ、ここからは眺望も楽しめる。

最後に、北の入り口のミュージアムショップへ。勝利の女神ニケのレリーフを模したものが並び、絵葉書で多かったのは、ケルスス図書館と大劇場。ポスターに描かれているのは、ニケとヘラクレス。エフェェソス遺跡の象徴が何であるかよくわかる品揃えだ。

「エフェソス」が世界文化遺産に登録されたのは二〇一五年のこと。古代遺跡が良好な状態で保存されており、学術面、観光面からも、今後ますます注目度は高まるだろう。

成都 —— 中国

パンダと四川料理の本場で『三国志』に思いをはせる

諸葛孔明を祀った武侯祠

武侯祠の諸葛孔明像。優しい柔和な表情をしている

中国の四川省と聞いて連想することを、ぼくの周りの人に尋ねてみると、パンダの故郷、それに、中国を代表する辛い四川料理との答えばかりで、三国志を挙げた人はいなかった。四川省の四川とは「多くの川」の意で、古来「天府之国《てんふのくに》」といわれるほど豊かな水と肥沃な土地に恵まれたこの地は、実は三国志の蜀《しょく》の都だったところなのである。

三国志に登場する諸葛孔明《しょかつこうめい》を祀った武侯祠《ぶこうし》が、四川省の省都・成都《せいと》市内南部にある。武侯祠は、もともとは劉備《りゅうび》の廟《びょう》であったものが、明の時代に諸葛孔明の祠堂が併せられ、清の時代にそれぞれの大殿が建てられた。

明清時代を模した錦里の街並み

武侯祠大街に面した大門から入ると、左右に明碑と唐碑という石碑がある。途中に関羽《かんう》、張飛《ちょうひ》ら蜀の文武人の塑像が置かれた回廊があり、正面に「漢昭烈廟」（劉備殿）があり、劉備座像が収められている。その奥に、優しい柔和な表情をした諸葛孔明の像と、その子、孫の像を祀った武侯祠（諸葛孔明殿）がある。

この武侯祠は、中国では珍しい君臣合廟。しかも臣下の諸葛孔明殿のほうが本殿になっている。このことから後世の人々の諸葛孔明に対する思いをうかがい知ることができる。これらの建物の西にある恵陵《けいりょう》に劉備の墓があり、陳列館には三国志関連の資料が展示されている。

明清時代の面影を楽しむ

三国志の世界に思いをはせた後は、錦里《きんり》散策を楽しんだ。

大門から出て、武侯祠大街を左へ数一〇m行く。錦里と書かれた扁額の門から入ると、明清時代にタイムスリップしたかのような感じのレトロな街並みが続く。武侯祠博物館の東側と北側の通りはもともと商業エリアだったが、二〇〇四年に明清時代の建物が再現されて錦里が造られると賑わいが増した。カフェやレストランをはじめ、工芸品、漢方薬、パンダグッズを売る土産物屋などの店が並んでいる。中ほどの九品《くほん》街には四川名物のシャオチー（一品料理）の露店が並び、その先に様々な四川料理の店が並ぶ。今や錦里は、成都を訪れる中国人にとっての人気の観光スポットだ。

レトロな街並みが人気の３つの通りの一つ、寛巷子通り

成都にはもう一カ所、まち歩きが楽しくなる街並みがある。寛《かん》窄巷子《さくこうし》である。地下鉄2号線の人民公園駅を出て北へ約一㎞。東西を「長順上街」と「下同仁路」という二本の道に挟まれたエリアに三本の並行する通りがある。一八世紀初めに清軍の駐屯地だったところで、清軍が没落した後に豪商が土地を買い占めてから店が立ち並ぶようになり、清朝が倒れて城壁が取り払われると大きく栄えた。二〇〇八年になって再開発が始まり、明清時代の建物も残る現在のレトロ感のある姿に整備され、こちらも観光客が多く訪れるエリアとなっている。バーも多く、夜も賑わっている。

成都市民にとっての憩いの場は望江楼《ぼうこうろう》公園である。成都市街地南部、錦江《きんこう》の西岸にあり、四川大学に隣接している。一二万㎡の敷地内には東南アジア諸国などから取り寄せた竹が一五〇種類以上も植えられており、竹子《たけこ》公園とも呼ばれている。ここには日本からやってきた竹もある。

望江楼公園散策は、朝がいい。太極拳をする人々、釣りを楽しむ男たち、公園内のオープンカフェで麻雀に興じる女性たち……。そんな成都市民の普段の姿を垣間見ることができるからだ。

望江楼公園で太極拳をする人々

パンダと四川料理は成都ならではの楽しみ

パンダ好きにたまらないのは、成都市内でパンダに会えることである。場所は、成都パンダ繁育研究基地。ジャイアントパンダとそのほかの希少動物の研究・繁殖を行う非営利の施設で、一九八七年に設立された。保護したものの自然に戻すことが困難だった六頭のパンダを飼育することから始まった。

成都パンダ繁育研究基地に入ると、パンダの姿をしたモニュメントが観光客を迎えてくれる。ここではパンダ本来の生息地に似せて造られた広い敷地内で、自然に近い環境での飼育を行っている。その様子を間近で見ながら、園内をゆっくり歩いて回った。

世界三大料理の一つ、中国料理を代表する料理といえば、四川料理。四川料理といえば、日本では麻婆豆腐が筆頭にくる。その麻婆豆腐の元祖といわれる店が成都にある。陳麻婆豆腐店だ。

麻婆豆腐はぼくの好物。「ここが発祥の地です」と現地ガイドがいう店で食べた。唐辛子の辛さは予想していたほど感じなかったが、山椒がかなり入っていた。

担々麺も成都が本場と聞いて、老舗の店に行った。店内に貼ってあった絵には、天秤棒を担いで担々麺を売り歩いていた昔の様子が描かれていた。火鍋も食べ、四川料理の数々を堪能した。

成都でぜひ見て確認したい——そう思っていたところが一カ所あった。イトーヨーカドーである。成都のイトーヨーカドーはかなり繁盛しているとの話を聞いていたからだ。夜、賑わいを感じながら、明清時代の街並みとは対極の、近代的な店内を歩いて回った。

成都パンダ繁育研究基地のジャイアントパンダ

成都市民の特別な場所になっているイトーヨーカドー

チョベ国立公園 ―― ボツワナ

アフリカの野生動物を間近に見る至福

ゾウの群れのそばを行くボート

アフリカ南部有数の観光スポット

アフリカ大陸南部の国ボツワナは、一九六六年にイギリスから独立した。この国で一九六七年にダイヤモンドが発見されると、近年は世界有数のダイヤモンド産出国として経済力を高めた。ボツワナはアフリカ南部に位置する国々の中で最も豊かな国といわれている。

日本の約一・五倍の国土に、人口は約二三五万人。国土の南西部がカラハリ砂漠、中央部から北部はサバンナ地帯で、雨期と、雨が全く降らない乾期とがはっきりしている。南半球のため、季節は日本とは逆だ。四月から一〇月が冬で、乾期。一一月から三月が雨期。うち「五月から八月が観光のベストシーズン」と聞いていたので、ぼくは五月末にボツワナを訪れた。

ビクトリアの滝とともにアフリカ南部の観光で欠かせないスポッ

トが、チョベ川に沿って南側に広がるチョベ国立公園である。ここはボツワナで三番目に大きな動物保護区で、アフリカ大陸有数の野生動物の生息地帯だ。中でも世界最大のゾウの密集地として知られている。

ここでは、アフリカの大自然、サバンナの中をサファリカーに乗って、ゾウをはじめキリンやシマウマなどを間近で見ることができるだけでなく、水上からボートサファリも楽しめる。世界中のサファリファンが一度は行ってみたいと願う人気の場所、それがチョベ国立公園なのである。チョベ国立公園は、ジンバブエやナミビアとの国境に近く、ビクトリア・フォールズから陸路で一時間半ほどの距離にある。

ボツワナに入国後、一五分でチョベ・マリーナ・ロッジに着く。ここで現地旅行社の運営するサファリカーに乗り替える。乗客は八名ずつの相乗り。途中で一カ所、トイレストップと水のサービスがある。二時間のサバンナサファリを楽しんだら、チョベ・マリーナ・ロッジに戻ってランチ。その後、チョベ川で船に乗って水上からのボートサファリを二時間。これが、事前に知らされた大まかな予定だ。

指定地以外は降車厳禁

いよいよサファリカーに乗って、陸路、サバンナサファリへ出発。枝を広げるバオバブの木、インパラやイボイノシシがうろついているのを眺めながら、チョベ国立公園へ向かう。

九時四五分に公園入口ゲートを通過する。ゲートとはいえ、公園の周囲には柵が巡らされていない。そこからサファリカーは無舗装の砂の道を進む。早速、ヒョウがチョベ川の水を飲んでいるのが見えた。母と子どもが二頭。水を飲み終わった母ヒョウがこちらへゆっくり歩いてくる。水辺にはカバもおり、木の上にはハゲワシがいた。ゾウが水を飲んでいる。インパラに水牛の群れ。よく見ると、カバの背中に鳥が一羽乗っている。木の上の方の葉っぱを食べている二頭のキ

インパラの群れ

水を飲み終えてこちらへ歩いてくるヒョウ

鳥を乗せたカバ

リン、ゾウの群れ……。車の中からカメラを向けて、必死になって写真を撮る。もう、興奮の連続だ。

一一時一一分、車が止まる。ここで、サファリカーから降りて休憩だ。この休憩場所を除いて、サファリカーの乗客は一切車から降りることはできない。ここからも、二頭のキリンやホロホロ鳥が見える。

車に乗ってサバンナサファリが再開。水辺にオオトカゲ、草原にはシマウマ。

凸凹《でこぼこ》した砂の道を進む車は揺れる。その中で写真を撮り、取材ノートにメモをとる。ガタンと、ひと際大きく上下に揺れたとき、ぼくの取材ノートが手から離れ、外に落ちてしまった。

思わず「ノート、ノート」と叫ぶ。その声に気づき状況を察したドライバーは、すぐに車をバックさせ、ノートを拾ってくれた。こんなときでも、乗客が車から降りるのは厳禁なのだ。

キリンのカップル。大きい方がオス

水辺に集まる野生動物

サバンナサファリが終わり、一二時一五分にチョベ国立公園のゲートを出る。チョベ・マリーナ・ロッジで一時間ほどランチをとった

水浴びをするゾウのわきをサファリカーが行く

後、いよいよ水上からのサファリを楽しむチョベ川クルーズへ出発だ。

船はチョベ川の右岸に沿って遡っていく。川は浅い。水上から見るカバは、迫力がある。中州で水浴びをするゾウが鼻から水を噴き上げた。岸の近くでは水浴びをしているゾウの群れもいる。間近で見る至福のとき。

ワニがいる。「頭が丸い形をしているのがオス。メスは四角い頭をしています」と現地ガイド。船から見ると雌雄の違いがよくわかる。トカゲがいる。「トカゲはワニの敵です。ワニの卵を食べるからです」。

一時間ほどすると、船は方向を変えて川を下っていく。いい気持ちになって、船上でビールを一杯。銘柄はセントルイスビール。ボツワナの国産ビールだ。

ボツワナは国土の一七%が自然保護区や国立公園で、野生動物たちの楽園が広がっている。現在、ダイヤモンドに次いで観光がこの国の重要な産業となっている。国の方針で環境保護を考慮した観光開発が行われており、経済的な豊かさを背景に高級ロッジなどの施設も多く、内容も充実している。その中でも目玉となっているのが、チョベ国立公園なのである。

アーヘン――ドイツ

ドイツ最西端に位置するフランク王国の旧都

若かりしカラヤンが音楽総監督を務めた市立劇場

ドイツ有数の温泉保養地

アーヘンは、ライン川沿いの街ケルンから西へ六〇㎞余り、オランダ、ベルギーとの国境に近く、ドイツで最も西に位置する。

温泉を中心とするケルト人の集落に始まるこの街の歴史は古い。紀元前三世紀には北征してきたローマ人が入植し、温泉保養地として利用した。その後、ゲルマン民族の一派、フランク族がやってきて、八世紀後半にはカール大帝がこの地に王宮を造営し、フランク王国の都と定めた。

アーヘンは、今も温泉保養地として名高い。市庁舎の東約一㎞、市立公園の一角にあるカルロス・テルメンは、ドイツではバーデン・バーデンと並んで、ヨーロッパでもよく知られた温泉施設だ。

見どころは徒歩圏に集中

アーヘン観光の見どころは、旧市街の歩いて回れる範囲に集中している。

アーヘン中央駅前から、斜め右にのびるバーンホフ通りを北東方向へ二〇〇ｍほど歩くと、テアーター通りに出る。

そこを左折して進むと、正面に市立劇場の後ろ姿が見える。まっすぐ数百ｍ行き、市立劇場の正面に回って、馬の銅像の横に立った。ここでぼくが真っ先に想ったのは、ドイツの偉大な指揮者ヘルベルト・フォン・カラヤンのことだった。ここは、カラヤンゆかりの劇場なのである。

一九三五年、アーヘン市の音楽総監督に就任した二七歳のカラヤンは、ドイツで最も若い音楽総監督として注目を集めた。アーヘン市立劇場は座席数七三〇席の中規模のオペラハウスだが、カラヤンは市の音楽総監督という立場から、オペラのほか、オーケストラコンサート、合唱コンサートでも指揮棒を振った。

劇場から通りを挟んで北側のフリードリヒ・ヴィルヘルム広場の角に観光案内所があり、その隣にギリシャ神殿風の円形の建物が建っている。この建物の壁には温泉の噴出口があり、かつては誰でも持参したカップで温泉を飲むことができた。この建物の前には、ブロンズ製の建物模型が展示されている。

広場の中にはローマ遺跡があり、ガラスで覆われ、中が見られるように保存されている。熱心に説明パネルを読みながら、ローマ遺跡を見る市民の姿もある。

広場の北西の角に、まるで「お控えなすって」と仁義を切っているようなユーモラスな格好をした銅像を発見。アーヘンの街を歩いていると、様ざまな銅像に出合う。街の至るところにある銅像を見ながら歩くのも、アーヘンまち歩きの大きな楽しみの一つである。

公衆トイレを見かけて、思い出した話がある。笑い話ではなく、実際にあったことだ。ある人がトイレに入ろうとしたら、片方は DAMEN（ダーメン）、もう片方には HERREN（ヘーレン）とある。「一方にはダメ、もう一方には入れん（ヘーレン）と書いてある。どっちに入ればいいのかわからない」と困ってしまった。ドイツでは、DAMEN は女性用、HERREN は男性用。「どっちに入ればいいのか」などということのないようにしたい。

観光案内所の隣のギリシャ神殿風の建物内部にある温泉の噴出口

感激の大聖堂

街のシンボルは大聖堂。その北に、広場に面してゴシック様式の市庁舎が建っている。広場に立つカール大帝像を正面から見て、市庁舎の塔を見上げる。

広場の周辺には、趣のある古い家並みが続く。人物名や都市名が刻まれた記念の敷石、黄色の郵便ポスト、金色のマリア像。馬車や白鳥がデザインされた張り出し看板などを見ながら歩き回る。

この街の名物の、クッキー風のお菓子プリンテンを売る店が何軒か並ぶ。そのなかでも人気の店ノービスは一八五八年創業の老舗の店だ。カフェも併設している。

いよいよ大聖堂へ。建物のそばに模型が置いてあり、そこに説明が書かれたパネルがある。礼拝堂の八角形の丸屋根が印象的だ。

大聖堂の北に建つ、ゴシック様式の市庁舎

大聖堂前の広場周辺には趣のある古い家並みが続く

アーヘン名物の菓子プリンテンが並ぶ老舗のノービスの店頭

中に入って、丸屋根の天井の真下に立ち、見上げる。感激だ。色鮮やかな光に満ちたステンドグラスをバックに、金色に輝く祭壇。大理石の柱の自然の表情に心が躍る。

「アーヘンの大聖堂」は、「人類全体にとって貴重なかけがえのない財産」として、一九七八年にドイツ最初の世界遺産に登録された。一二ある世界遺産第一号のうちの一つでもある。もともとは、カール大帝の王宮に付属して八〇五年に建てられた八角形の礼拝堂だった。アルプス以北で最古の石造教会であるこの礼拝堂は、その後、ロマネスクやゴシックなど様々な様式の建て増しを重ねて現在の姿になった。

美しい大聖堂の内部

平面図から見た形式としては、八角形の中心部を一六角形の周歩廊が取り囲む「集中式」と呼ばれるもの。この構造は、五世紀に西ローマ帝国の首都だったイタリアのラヴェンナに建つサン・ヴィッターレ聖堂を模したとされ、古代文化復興政策「カロリング・ルネッサンス」を象徴する建物である。そして一六世紀まで、このアーヘンの大聖堂は、ドイツ国王として即位する戴冠式が行われた、王の権威を象徴する建物でもあった。

フランク王国の旧都アーヘンは、この大聖堂の存在により、温泉と相まってヨーロッパ中の人々を魅了し続けている。

ジャイプルのシンボル的な建物、風の宮殿

ジャイプル――インド

華麗な装飾が施された建物の数々

砂漠への入り口に当たる街

インドの首都デリーから南西へ約二六〇㎞。かなり使い古したバスに揺られて、ラージャスターン州の州都ジャイプルへ向かった。冷房はかなり強め。「ペプー、ペプー」。国道八号線を行くバスはクラクションを鳴らしっぱなしだ。すると前方に、牛。このときばかりはスピードを落とし、牛を避けながら静かに進む。荷車を引くラクダを追い抜き、すれ違う。州西部には広大なタール砂漠が広がっている。そのため、ラクダの姿をよく見かける。ジャイプルは、砂漠への入り口に当たる街でもある。

クジャクが民家の庭や塀の上にいる。飼われているわけではない。クジャクはインドの国鳥で、飼うことが禁止されているため、自由に動き回っているのだ。雨季が始まるころ、雄のクジャクが羽を広げて雌に求愛する。

ぼくが訪れたのは七月中旬。空は一面、どんよりとした雲に覆われている。そろそろ雨季の始まりである。雨は、降り始めたなと思ったそばから激しくなり、土砂降りの状態になる。

この辺りは三毛作地帯で、雨季に米を一回、それ以外の季節に小麦を二回収穫する。「大理石もエメラルドもこの州でとれます。砂漠の州だけど、豊かな州です」と現地ガイドが説明する。

ゾウに乗ってアンベール城へ

旧市街の北一一kmの丘の上にアンベール城が建っている。もともとこの丘の上には一一世紀ごろから小さな砦があった。現在のような城ができたのは一八世紀になってからのこと。ゾウに乗って城に向かう、というのが人気の観光コースとなっている。

ゾウに乗ってアンベール城に向かうのが人気の観光コース

「ゾウに乗っているとき、物売りが物を投げてきますが、触ると買ったことになるので無視してください。写真も、勝手に撮って後で売りつけにくるので、注意してください」と現地ガイドが注意を促す。
ゾウの背に揺られてアンベール城へ向かうと、途中、確かにいろいろな物売りが寄ってきた。だが、ぼくは風景の写真を撮ることに精一杯で、それどころではない。物売りは早々に諦めて、ほかの客の方に寄っていく。

城に着く。階段を上り、まずはディーワーネ・アーム（一般謁見の間）へ。ピンクの天井と灰色の大理石の列柱があり、壁がなく四方に開放されている。ここから見晴らしの良い風景を楽しんだ後、中庭のガネーシャ門の前に立つ。壁面に精緻なモザイクや彩色が施され、細かな透かし彫りの張り出し窓が前面を覆っている、立派な門だ。

城の内部は風通しが良く、涼しさを演出するための水も流れている。大理石の床、花柄装飾。ジャイ・マンディル（勝利の間）の壁面は、鏡をちりばめた凝った装飾の幾何学模様。一番奥の

精緻なモザイク、彩色が施されたアンベール城のガネーシャ門

ジャイ・マンディルの華やかな天井装飾

ジャイ・マンディルの前に広がる庭園

ザナーナー・マハルは、マハーラージャに仕える女性たちが暮らした後宮、ハーレムだった。

街の象徴的な宮殿

夏の離宮として建てられた水の宮殿は、雨季に湖水が満ちると水に浮かんでいるように見える。

そこを過ぎ、旧市街へ。旧市街は人も交通量も多い。歩いているとリクシャー（三輪タクシー）の男が頻繁に声をかけてくる。

シティ・パレス。現在もマハーラージャの住居となっている

その中心に建つ宮殿、シティ・パレスには、現在もマハーラージャが住み、一部が博物館になっている。一七二六年に当時のマハーラージャ、サワーイー・ジャイ・スィン二世により建てられた。

敷地内に入ると、最初の中庭の中央にあるのがムバーラク・マハル。イギリス人の建築家が設計した、布地や服飾などテキスタイルの展示館になっている。

中庭の奥の豪華な建物がディーワーニ・カースと呼ばれる貴賓謁見の間。この入り口に置かれた巨大な銀の壺には、毎日沐浴するための聖なるインドの川の水が入れられていた。世界で一番大きな銀製品としてギネスブックにも載っている。一九〇二年、イギリスのエドワード七世の戴冠式にマハーラージャが出席する際に、この壺を船に載せイギリスに持っていった。

シティ・パレスの東側に建つ色鮮やかな風の宮殿は、ジャイプルのシンボルともいえる建物だ。一七九九年にマハーラージャ、サワーイー・プラタップ・スィンが建設したもので、出窓に透かし彫りを施したテラスが並ぶ。正面から見ると立派だが、横から見ると奥行きがないことがわかる。まるで映画のセットのようだ。事前に抱いていた印象とのあまりの違いに驚く。このテラスから透かし彫り越しに、宮廷の女性たちは街の様子を眺めた。「風の宮殿は二〜三年に一度塗り替えます」と現地ガイド。色が褪せていないことに納得する。

ジャイプルは、一八世紀初頭にジャイ・スィン二世によって計画的に造られた街だ。城壁に囲まれた旧市街は碁盤の目のように整然としており、道路に面する建物すべてが赤みがかかったピンク色をしていることから、ピンク・シティとも呼ばれている。二〇一九年には「ラージャスターン州のジャイプル市街」として世界文化遺産に登録された。インド国内はもとより、世界各地から観光客が訪れる、北インド有数の観光地である。

ゴールドコーストとその周辺 —— オーストラリア

常夏のビーチリゾートと
豪州ならではの大自然

中心街で〝登山〟を楽しむ

ゴールドコーストはオーストラリア大陸東海岸のクイーンズランド州南東部にある、オーストラリア最大の観光リゾート地である。南半球にあるため、季節は日本と逆で八月は冬。とはいえ、ぼくが訪れたその八月の日中の最高気温は二〇℃を超え、暖かい。日本との時差がプラス一時間というのもありがたい。

この地の魅力は、常夏のビーチリゾートを楽しむことだけではない。ゴールドコーストの中心サーファーズパラダイスからほんの数一〇㎞内陸に行っただけで、世界遺産に登録された「ゴンドワナ多雨林群」の亜熱帯雨林の中を散策し、大自然の魅力をたっぷり堪能することができるのだ。近郊に

サーファーズパラダイス中心街の南にそびえるQ1リゾート＆スパ

はテーマパークやアクティビティを楽しめる観光施設も多い。

ビーチ沿いに連なる高層ホテル群。その一角に宿をとり、早朝のビーチウォークを楽しむ。美しい砂浜。ライフセービングサービスもしっかりしている。気分は、リフレッシュ。ぼくのゴールドコーストの旅は、こうしてサーファーズパラダイスの散策から始まる。

サーファーズパラダイスの中心となるのは、カビル・アベニュー。西側を流れるネラング川と東側に広がる南太平洋とを東西に結ぶこの通りを、南北に三つの通りが交わる。一番西がファニー・アベニュー。真ん中が、通称Gリンクと呼ばれる新型の路面電車（ライトレール）が通っているサーファーズパラダイス・ブルバード。この通りにはハードロックカフェがあり、その前の歩道にエルビス・プレスリーやローリングストーンズといったロック界のスターの名が刻まれたプレートが敷いてある。一番東側のビーチ沿いには、エスプラネードという名の通り。

また、サーファーズパラダイス・ブルバードとエスプラネードの間、カビル・アベニューとエルクホーン・アベニューに挟まれたオーキッド・アベニューには、かつて故・大橋巨泉さんが始めたOKギフトショップがあった。

早朝のサーファーズパラダイスでビーチを散策する

カビル・アベニューはこの通りから東のエスプラネードまで、歩行者天国のモールになっている。この周辺にはカフェ、レストラン、ブティックなど様ざまな店が集まっている。値段は、どれも日本よりやや高めだが、イチゴだけは近郊の農園での栽培が盛んとあって安く食べられる。

中心街の南に建つQ1リゾート&スパは高さ三二二・五m。二〇〇五年の完成当時、居住型としては世界一高い高層ビルだった。この建物の七七階、地上二三〇mにはスカイポイント展望台があり、そこからはゴールドコーストの三六〇度の大パノラマを眺めることができる。展望台からは屋外に出ることができ、さらに上へ登っていくアトラクション、スカイポイント・クライムがある。ここは海抜二七〇mに当たり、自然の風を受けながら展望を楽しめる。

スカイポイント展望台から南の方向を見る

展望を満喫した後、エレベーターを降りると、いろいろな国の「さよなら」を意味する言葉が書いてあった。

郊外に広がるオーストラリアらしさ

コアラを抱いて記念写真を撮りたい。そんな人にお勧めなのは、サーファーズパラダイスの南一八kmにある動物パーク、カランビン・ワイルドライフ・サンクチュアリ。広い敷地全体がナショナルトラストの指定を受けており、自然環境を残して造られた園内には、コアラをはじめカンガルー、鳥類など、オーストラリアに生息する動物が飼育されている。手軽にオーストラリアの自然を感じながら散策し、同国固有の動物、植物を観察することができるのだ。コアラ舎ではコアラを抱くことができる。

カランビン・ワイルドライフ・サンクチュアリでは自然環境の中でコアラが飼育されている

タンボリンマウンテンは、サーファーズパラダイスを拠点に日帰りで行くことができる西方三〇㎞の高原の街。ここで最も人気があるのがギャラリーウォークだ。五〇〇mほどの通り沿いに、アーティストが自作の陶器や様ざまな小物を売る店が並ぶ。そんな店を覗きながら散策し、ゆったりとしたティータイムを過ごすのがいい。

そこから南へ五㎞ほど行ったカナングラに、「オーストラリアで一番おいしい」というのがうたい文句のミートパイが名物のカフェがある。そこで食べた特製ミートパイには、オージービーフがたっぷり入っていた。話のタネに足を延ばしてみるのもいいだろう。

世界遺産のスプリングブルック国立公園内の森の中をツアーバスで移動中、「コアラに注意」の道路標識を発見。改めてオーストラリアにいることを実感する。この国立公園は二〇〇〇万年

スプリングブルック国立公園の見晴らし台の一つ、パーリングブルックフォールズ・ルックアウト

以上も前の火山の大噴火によってできた巨大なカルデラの一部で、標高はおよそ七〇〇m。亜熱帯雨林の中のウォーキングトレイルを歩き、いくつか設置されている見晴らし台のなかでも最も眺めのいいパーリングブルックフォールズ・ルックアウトに立つ。目の前に広がる亜熱帯雨林の大自然、断崖絶壁を流れ落ちる勇壮な滝。感動だ。その後、説明パネルを読み、改めて大迫力の自然の素晴らしさを理解する。見晴らし台の一つ、キャニオンルックアウトからは、遥か東の方向にゴールドコーストの高層ビル群を遠望できる。

　このように、郊外を訪ねると感動もひとしおだ。これもまた、ゴールドコースト観光の魅力なのである。

ドゥッガ遺跡 ―― チュニジア

アフリカ最大規模のローマ古代都市遺跡

ドゥッガの中心、フォルム

今も使われている円形劇場

チュニジアの首都チュニスにあるバルドー博物館に「オデュッセウスとセイレーン」のモザイクが展示されている。古代ローマ時代の傑作として有名なこのモザイクは、ドゥッガ遺跡で発見され、移されたものだ。

チュニスから南西に約一〇〇km、標高六〇〇mの丘の上にあるドゥッガは、紀元前四六年に築かれ約四五〇年続き、三世紀末のディオクレティアヌス帝の時代に最盛期を迎えた、ローマ帝国の植民都市だった。アフリカ大陸最大規模のローマ古代都市遺跡である。フォルム（公共広場）を中心に、古代ローマの神々を祀《まつ》る神殿や劇場、住居跡などがあり、保存状態も良い。チュニジアで最も重要な遺跡の一つとして、この「ドゥッガの考古遺跡」は一九九七年に世界文化遺産に登録されている。

白い石造りの家が続く道を進み、ドゥッガ遺跡へ向かった。チュニジアの国旗が掲げられた入り口から遺跡内に入る。世界遺産登録を示す石碑を見て、遺跡の全体を表す復元図で大まかな位置関係を把握してから歩き始める。最初に右側に見える建造物が円形劇場である。

円形劇場の客席と舞台

劇場の復元図を見てから、舞台の上に立ち、客席を見上げる。丘の斜面を利用して造った観覧席の収容人数は約三五〇〇。一九段の階段の最上階までの高さは一五m。一番上の観覧席まで歩いて上る。ドゥッガ遺跡の大まかな全体像を把握するにはここがベストポイントだ。ここから遺跡を見渡し、ローマ時代の人々の暮らしの様子を想像する。
この劇場は現在も利用されている。毎年七~八月に開催されるドゥッガ・フェスティバルではクラシック音楽が演奏され、多くの観光客を集めているのだ。

シンボル的存在のキャピトル

円形劇場の前の石畳の道を一五〇mほど歩いて下っていくと、風の一二方位を描いたモザイクが残る「風の広場」と呼ばれる広場に

6本のコリント式円柱が見事なキャピトル

出る。そのまま進み広場の中央に立つ。右手（北側）に二世紀後半に造られた商売の神様マーキュリーを祀ったマーキュリー神殿があり、背後（東側）にアウグスタン・ピエティ神殿、左手（南側）にはマルシェ（市場）、商業の広場が広がっている。

　そして正面（西側）に見えるのが、ドゥッガのシンボル的存在のキャピトルだ。この神殿はマルクス・アウレリウスとルキウス・ヴェルスの二人の皇帝に捧げられたもので、ユピテル（ジュピター）、ユノー（ジュノー）、ミネルヴァの三神が祀られている。風の広場とキャピトルの間にある壁はビザンチン時代（四～一五世紀）の六世紀に要塞化されたときに造られたもの。

　キャピトルの正面に立つと、六本の縦溝のついた高さ八m、砂岩でできたコリント式の円柱の見事さに圧倒される。支えている神殿上部ペディメントのレリーフには、鷲《わし》に変身して美少年ガニメドをさらうゼウスの姿が彫られている。

　キャピトルから隣接する西側の階段を降りると、古代ローマの都市の中心、フォルムに出る。かつてこのフォルムは三五本の円柱で囲まれていたというが、今残っているのは、横倒しになった円柱の一部と、広場を飾っていた彫刻の一部、それに、やはり六世紀に要塞化されたときの壁だ。フォルムの端からは、ローマ時代の水道が見える。下の方を見ると、丘の上から下まで、住居跡がびっしり残っているのがわかる。

公衆トイレに腰かける旅行客

皆が記念写真を撮る場所

ローマ時代のメインストリートを下っていく。石畳の道には実をつけたサボテンがあり、馬車の車輪の跡も残っている。道の両脇に続く住居跡からはモザイクも発見されているが、そのうちの一つが「ディオニソスとユリシーズの家」。発見されたのは、冒頭で触れた「オデュッセウスとセイレーン」である。

さらに下ったところにあるキクロプスの浴場跡では床に残るモザイクを見ることができる。近くには馬蹄形をした公衆トイレがほぼ完全な形で残っており、ここにやってきた観光客はみな、便座の位置に腰かけて記念写真を撮っている。

記念写真といえば、ドゥッガ遺跡のベストスポットとして現地ガイドが勧めたのが、市場入り口の門を額縁に見立て、その中にキャピトルを入れて撮ること。実際、キャピトルが門に収まる構図を背景に記念写真を撮る観光客は多い。

キクロプスの浴場から石畳の道を降りていったところに、オリーブの木に囲まれた高さ二一mのリビコ・プュニック廟《びょう》が建っている。この廟は、ドゥッガがローマ帝国の植民都市になる前からあり、ビザンチン時代以降も残っていたが、一八四二年に、紀元前三世紀の碑文が大英博物館へ持ち出される際に崩壊。後にフランス政府によって再建されたもので、建造物自体は新しい。

三五〇〇人規模の劇場を持ち、最盛期には一万人以上が住んでいたというドゥッガ。ローマ帝国が力を失うとともに衰退、ビザンチン時代には要塞化もされたが、ひっそりと長い年月が過ぎ、優れたモザイクや往時の遺構を今に伝えている。

市場入り口の門を額縁に見立てキャピトル望む、人気の撮影スポット

ローマ以前の遺跡、リビコ・プュニック廟

ゴゾ島 ── マルタ

ヨーロッパ有数の古い歴史を持つ、地中海の小さな島

ゴゾ島の玄関、イムジャール港

美しい海岸の景観

マルタの首都ヴァレッタからチェルケウアの港まで車で約一時間。ここからフェリーに乗り二五分ほどでゴゾ島の玄関イムジャールの港に着く。マルタ本島の西六kmに位置するゴゾ島は、東西一四km、南北七kmの小さな島だ。主な見どころは青い海と自然の海岸、大城塞（チタデル）、それに世界遺産に登録されている巨石神殿ジュガンティーヤ神殿の三つである。路線バスも走っており、そのすべてがこの島の中心地ヴィクトリア（島の住人は「ラバト」と呼ぶ）と結ばれているが、観光地巡りはオープントップの二階建てのツアーバスに乗って回るのがお勧めだ。

ぼくがゴゾ島で最も訪れてみたいと思っていたのは、島の西部、ドゥエイラ湾のアズール・ウインドウ。波と風の浸食作用によって

崩落してしまったアズール・ウインドウを、元の姿が載ったガイドブックと突き合わせながら見る

形成された高さ約二〇mの自然のアーチだ。どの観光パンフレットにも、アーチの間に青い空と青い海が写っている写真が載っている。そんな自然が作り出したこの景観を、残念ながら今では見ることができない。二〇一七年三月八日の嵐によって、アーチの部分が崩落してしまったのだ。現在は、断崖だけが残っている。

ドゥエイラ湾は凸凹した岩石海岸。転ばないように足元に注意しながら歩き、アズール・ウインドウのアーチがあった場所の前に立つ。フェリー内の売店で購入したガイドブックを開き、そこに載っているアーチのあるアズール・ウインドウの写真と現在の姿とを一緒に写した。地元のレストランの外に掲げてある説明パネルにも、崩落する前の自然のアーチの写真が今でも載っている。ドゥエイラ湾には、一七世紀に造られた見張り台もある。

ゴゾ島には砂浜の海岸もある。島の北部、カリプソの洞窟の眼下には、ゴゾ島一美しいといわれるラムラ湾のサンディ・ビーチが広がっている。カリプソの洞窟は事前に想像していたよりかなり小さかった。中に入ることはできない。ここは伝説の愛の洞窟である。古代ギリシアの吟遊詩人ホメロスの叙情詩「オデュッセイア」で歌われたニンフ、カリプソがオデュッセウスに魔法をかけ、愛の虜として七年間閉じ込めたのが、この洞窟なのだ。

ゴゾ島南西部の美しい漁港シュレンディーも地元民や観光客に人気のビーチである。ホリデイアパートが建ち並ぶプロムナードを散策し、海辺のレストランで食事をとるのもゴゾ島観光の楽しみの一つ。

城壁に囲まれた町、チタデル

中心地ヴィクトリアに戻り、旧市街のバルコニーのある石畳の路地を歩く。道路の片側にはズラリと車の路上駐車。ちょっとした広場はあるが、狭い道が多い。曲がり角にキリストを抱くマリアの像があった。よく見ると、狭い路地の角々に聖人やマリア像が飾られている。家の扉の上にもある。「ゴゾ島住民の九七％がカトリック教徒です」という現地ガイドの説明に納得する。

旧市街の北、急な坂道を上った丘の頂に、城壁を巡らした小さな街並み、チタデルがある。中世に造られた城壁が今見られるような強固な城壁になったのは一七世紀で、オスマントルコ軍や海賊の侵攻に備えてのことである。

入り口に掲げられたチタデル内の配置図を見てから城壁の中に入る。小路を歩き、土産物店の店頭に並ぶ絵葉書の中から、地図が描

急な坂道を上った先に、城壁を巡らせたチタデルがある

チタデルの入口付近に建つ大聖堂。奥にはゴゾ島の発掘品を展示した考古学博物館がある

ジュガンティーヤ神殿でガイドの説明を聞きながら見学する観光客

かれているもの、チタデルの空撮写真が載っているものを購入。

　バロック様式のファサードを持つ大聖堂は、一八世紀初めに建立されたもの。「建設当初はてっぺんにドームが乗る予定だったが、資金不足で取りやめになった」とのことで、ドームはない。しかし、大聖堂内に入って天井を見上げると、まるでドームになっているかのように見える絵が描かれている。

　大聖堂の奥にはゴゾ島の発掘品を展示した考古学博物館がある。その先、城壁に沿って歩くとチタデルの最南端、セント・ミケーレ堡塁《ほるい》に出る。ここからの眺めはお勧めだ。下に広がるヴィクトリア旧市街の家並みが一望である。

エジプトのピラミッド、イギリスのストーンヘンジは世界の巨石遺跡としてあまりにも有名。しかし、マルタに巨石神殿があり、それがピラミッドやストーンヘンジよりも歴史がある、ということはほとんど知られていないようだ。マルタでは、先史時代の巨石神殿が三〇ほど発見されている。

ゴゾ島でも、一九八〇年にジュガンティーヤ神殿が世界遺産に登録され、その後範囲が拡大されて、一九八二年にゴゾ島とマルタ島の巨石神殿のうち六神殿が「マルタの巨石神殿群」として世界遺産に登録された。ジュガンティーヤとは「巨人の塔」の意味。一九世紀初頭に発見されたジュガンティーヤ神殿は、紀元前三六〇〇年から三〇〇〇年ごろの建造と考えられている。硬いサンゴ質の石灰岩の巨石を積み上げただけの素朴な造りで、外観は粗削りだが、内部には表面が滑らかに整えられた石で囲まれた部屋がある。壁の穴は生贄《いけにえ》や偶像を収めた場所と考えられている。ここで発見されたものは首都ヴァレッタの考古学博物館に所蔵されている。

地中海のほぼ中央に浮かぶ小さな島、ゴゾ島には、ヨーロッパのなかでも有数の歴史の深淵が刻まれている。

釜山 ―― 韓国

世界に開かれた韓国南部の港町

日本から最も近い外国の街

一一月の韓国南部の港町、釜山《プサン》。この時期にぼくが最も楽しみにしているのは、店頭に並ぶ山盛りの柿である。ぼくの好物の熟したうまい柿が、日本に比べかなり安い。

釜山観光初日の定番は、釜山を代表する繁華街・南浦洞《ナンポドン》エリアに行き、光復路《ガンボッロ》からエスカレーターで龍頭山《ヨンドゥサン》公園に上ること。標高六〇mほどのこの小高い丘は釜山市民の憩いの場所。花時計の後ろには豊臣秀吉の軍を退けた李《り》舜臣《しゅんしん》将軍の立像があり、その先に一九七三年に建設された高さ一一八mの白い釜山タワーが建っている。この展望台からは釜山市内を三六〇度眺めることができる。

釜山観光の定番スポット、龍頭山公園

エレベーターで一気に展望台へ上る。広く大きな窓ガラスには、その先の方向に何が見えるのか主な場所が書いてある。まず東の方向を見ると、港に沿ってズラリと並ぶコンテナの山、そして、倉庫群。韓国随一の貿易港、釜山港を一望することができる。

時計回りに右へ移動し、南の方向を見ると影島《ヨンド》があり、影島大橋と釜山大橋の二本の橋が架かっている。右手の影島大橋は一九三四年に完成した可動橋（跳開橋）で、左手の赤い橋は、釜山港開港一〇〇年を記念して一九八〇年に建設された釜山大橋である。天気次第だが、影島の右手の彼方に対馬が見える。釜山から対馬までの距離は六〇㎞ほどと、近い。日本とは、対馬のほか、福岡や下関などとも定期航路がある。

釜山タワーの展望台から見た影島。正面の大きな建物はロッテ百貨店、右手の橋は影島大橋、奥の山は蓬莱山

　南西の方向には釜山の台所、チャガルチ市場が見える。さらに右手に移動すると、西の方向に国際市場が広がっている。

　釜山タワーからの眺めを堪能し、おおよその位置関係を把握したあと、展望台から西の方向すぐ真下に見えた国際市場に向かう。

　国際市場は、韓国を代表する国内最大のマルチマーケットだ。南北にのびる二つの細長いビルを中心に、その辺り一帯に様々な店が並び、衣類のほか、食器、日用品など生活していく上で必要なものなら何でも売られている。以前、筆者はここで何度か眼鏡を作ったこともある。日が傾くと、通りの真ん中に屋台が並びだし、今度は市民の夜の胃袋を満たしてくれるところとなる。

チャガルチ市場で朝食を

チャガルチ市場へ続く通りの露店の賑わい

チャガルチ市場の食堂で朝食をとる

釜山に泊まった翌朝は、まだ暗いうちからチャガルチ市場に出かける。市場の賑わいを肌で感じてから、朝食をとるためだ。これはぜひお勧めしたい。

南浦洞を代表するチャガルチ市場は、約一・五km区間の巨大な水産市場。様々な海産物が店頭に並ぶ。場外の、市場に通じる道の両側にも、露店がズラリと並ぶ。タコ、イカ、エイ、タチウオ、アワビなどの貝類、海草類……、海の幸があふれんばかりだ。

　カットされていない味付き焼き海苔が束になっていたり、「マツタケ、味付け海苔あります」と日本語で書いてあったり。豚の頭がポツンと台の上に乗っていたのでよく見ると、笑ったような顔をしている。この国では豚は縁起物。きれいにして、笑い顔に整えて店に出すとのことだ。

　行き交う人々の賑わい。観光客には発見と驚き、興奮の連続である。そしてアワビなどの海の幸がたっぷり入った温かいスープを味わう。味にも量にも満たされ、身も心も温かい気分になる。

　日中もいいのだが、ぼくは釜山に行くたびに、一度は必ずここチャガルチ市場での朝食を楽しむ。

BIFFの会場の一つ、海雲台のビーチ沿いに設置された街角アート

釜山の新たな魅力

　釜山では毎年一〇月に、釜山国際映画祭（BIFF〈ビフ〉）が開催される。映画祭の会場は、釜山の中心部・南浦洞のBIFF広場と、海雲台《ヘウンデ》一帯。

　南浦洞のBIFF広場の道には、映画祭に参加した世界の著名映画人の手形プレートが埋め込まれている。ビートたけしや、今村昌平監督の手形プレートもある。映画のカメラを回す男の像や映画フィルムをイメージした看板など、映画関係の街角アートを見ながらの散策も楽しい。

映画祭のもう一カ所の会場、海雲台は、南浦洞から北東方向へ地下鉄で三〇分ほどのところにある、釜山きってのビーチリゾートだ。湾にはレジャーボートが係留され、海沿いには高級ホテルやオフィスなどの高層ビルが林立している。そのなかには、前アメリカ大統領トランプ氏所有の高層ビルもある。

ここ海雲台のビーチ沿いの遊歩道にも、映画撮影の様子を表現した像などの街角アートがあり、観光客の目を楽しませてくれる。ヘウンデシネマロードをゆっくり散策し、ムービースターの手形や写真のあるベンチでひと休み。市場や繁華街の賑わいとは違ったときを過ごす。これも、釜山観光の大きな魅力の一つである。

釜山の新しいシンボル、ダイヤモンドブリッジ（広安大橋）の夜景も見逃せない。ダイヤモンドブリッジは、広安里《クァンアルリ》ビーチの向かい側の海上を通る、二〇〇三年に開通した韓国最大規模の自動車専用橋だ。光の色が時間によってレインボーカラーに変化するライトアップで、今では釜山の観光名所として定着している。

新たな魅力が増す釜山。近年は、世界中のクルーズ船の寄港地としても人気を集めている。

ライトアップされたダイヤモンドブリッジ

ストーンヘンジ —— イギリス

先史時代の人々が造った謎の環状列柱石群

ストーンヘンジができたころは、円形に配置された外側の石柱の上に平らな石が載せられていた

年間一〇〇〇万人が訪れる観光名所

『何のために』『いつごろ』『どのようにして』この巨石遺跡は造られたのか？」

ロンドンから西へ約一三〇km、イングランド南部のソールズベリー平原を走る国道三〇三号線の沿道にあるストーンヘンジを初めて訪れた一九七九年七月二九日の旅のメモ帳に、ぼくはそう書いている。

さらに続けて、「この辺りはイングランド独特のなだらかな地形景観を示し、ストーンヘンジと名付けられた巨大な円形の石群のほかにあるのは、土産物屋を兼ねる管理小屋、それに真っ直ぐのびた道路だけである」とも記した。今は石柱のそばに寄ることもできないが、当時は、巨大な石柱に触れることができた。

いまだに謎の多いこの環状列柱石群ストーンヘンジは、一九八六年に世界遺産に登録され、年間一〇〇〇万人もの観光客が世界中から訪れる、イギリスを代表する観光名所となっている。

現在、ストーンヘンジは政府系機関のイングリッシュヘリテッジが管理し、周辺環境の保全は自然保護団体のナショナルトラストが行っている。一般のバスや車はストーンヘンジから約二km離れたところにあるビジターセンターまでしか行くことができない。ここからは、シャトルバスに乗って、ストーンヘンジのそばまで六分。

ぼくは春、夏、冬にこの地を訪れたことがあるが、今回は一二月に訪れたときのことを記したい。

ストーンヘンジに行く前に見学しておきたいビジターセンター

太陽との関連

午後二時。晴れてはいるものの、風は強く、冷たい。ビジターセンターでオーディオガイドと日本語のパンフレットを受け取り、シャトルバスに乗った。パンフレットには、「ストーンヘンジは太陽の動きに合わせて石が配置された古代の神殿です。石群は精巧な技術を持つ先史時代の人々の手で四五〇〇年前に建てられました」と書いてある。

ストーンヘンジは、直径約一〇〇mの環状の土塁と堀に囲まれたその内側に、直径約三〇mの環状列石が形成されている。

環状列石外周部の北東にポツンと一つ離れて立つ玄武岩《げんぶがん》の巨石がヒールストーン。そのそばを通って環状列石へ向かう。

環状列石を取り囲む歩道は、舗装されたところもあれば、草地のままのところもある。立ち入り禁止を示すロープが張られており、内側に踏み入らないよう気をつけながら歩く。番号の書かれたパネルの前で立ち止まり、オーディオガイドを操作する。流れてくる説明の音声は日本語だ。

西の方向から見た環状列石

近くから見たヒールストーン

外側の環状に立ち並ぶ石柱は、四〇㎞ほど北にあるマールバラ丘陵から運ばれてきたサーセン石（珪質砂岩《けいしつさがん》）でできている。二本の

新石器時代の家屋を再現したビジターセンターの屋外展示

石を運ぶ様子を再現し、展示している

石柱の上に横石（まぐさ石）が乗っているものがある。紀元前二五〇〇年ごろには、直径三〇mに渡って、上に乗った横石が完全に円を描くように配置されていた。

環状列石の内側には、五組の三石塔（トリリトン）が馬蹄形《ばていけい》に並べられている。この石柱は青みがかった色の石でブルーストーンと呼ばれ、ウェールズのプレセリ山脈から運ばれてきたと考えられている。

環状列石の北東方向、土塁との間の草地に横になって置かれているのがスローターストーン。環状列石の中心から馬蹄形の開いた方向を見ると、スローターストーンがあり、その先にヒールストーンが立っている。夏至の日、この二つの石を結ぶ直線上に太陽が昇る。そのことから、この巨石群が太陽崇拝の儀式に使われたのではないかと後世の人々の憶測をよんできた。

臨場感のあるビジターセンターの映像

二〇一三年にオープンしたビジターセンターは、実によくできている。特に、三六〇度スクリーンで映し出される映像は必見だ。まだ石柱ではなく、木の柱が立っていた紀元前三〇〇〇年ごろ。現在見られるような、石柱の上に横石が乗った環状列石が三六〇度つながっている紀元前二五〇〇年ごろ。まるで、環状列石の中央に立って見ているかのように、臨場感たっぷりに、ストーンヘンジの歴史の変遷を知ることができる。「いつごろ」「どのようにして」ストーンヘンジを造ったのか、初めて訪れたときの疑問に対する答えも、展示を見て納得。初めてこの地を訪れる人には、ビジターセンターで事前に展示と映像を見ておくことを勧めたい。

隣接する屋外ギャラリーには、新石器時代の家屋が再現されている。ストーンヘンジに使われているものと同質の石材を使い、石を運ぶ様子も最新の研究に基づいて再現し、展示している。日本で出版されているストーンヘンジについての記載は、こんなにも違うのかというほど本によってまちまちだ。研究が進んだとはいえ、「何のために」についてはまだ結論は出ていないということもあるが、それだけストーンヘンジの謎は、人を引き付ける魅力を持っているのである。

ルクソール ── エジプト

エジプト文明の栄華を偲ぶ巨大建造物と墓所

ハトシェプスト女王葬祭殿。崖を利用した３階建ての建造物

「死者の世界」を巡る

カイロの南約六七〇㎞、ナイル川沿いにある古都テーベ（現・ルクソール市と近郊）は、紀元前一五七〇年ごろから約一五〇〇年続いた新王国時代の都だった。ナイル川によって東西に分かれ、「死者の世界」とされる西岸には墓地遺跡群があり、「生者の世界」とされる東岸には神殿群がある。

「死者の世界」の一角、「王家の谷」にあるツタンカーメン王の墓所は、一九二二年にイギリス人ハワード・カーターが発掘したことで有名になった。数々の副葬品が発見されたが、なかでも「黄金のマスク」は誰もが目にしたことがあるだろう。

王家の谷の東、切り立った断崖の下に造られたのが三階建ての「ハトシェプスト女王葬祭殿」。エジプトで最初の女王ハトシェプストがアメン神、父トトメス一世、それに自分自身のために造営したもの。テラスに向かって左側にはテーベ西岸の守り神とされるハトホル女神を祀る礼拝堂があり、ハトホル女神の頭像のある円柱が立っている。右側には、アヌビス神礼拝堂があり、トトメス三世が葬祭の神に供物を捧げる様子が色鮮やかに浮き彫りされている。

この葬祭殿の南方に「メムノンの巨像」がある。二m以上ある台座の上に一六m近い座像。新王国時代の絶頂期に王だったアメンホテプ三世を表している。

カルナック神殿の中核「アメン大神殿」

ナイル川東岸の「生者の世界」、日出ずる都には、歴代の王によって数多くの神殿が建てられた。ここに建ち並ぶ神殿群を総称して「カルナック神殿」という。その中核を成す「アメン大神殿」は、テーベの守り神アメンに捧げられている。アメン神はもともとテーベの地方神でしかなかったが、第一二王朝時代に太陽神ラーと結びつき国家最高の存在となり、王の守護神となった。

軍事遠征が盛んだった新王国時代、凱旋のたびに王たちは守護神に感謝して、新たな建造物を捧げた。トトメス一世は高さ約二〇mのオベリスク（記念碑）を建て、娘のハトシェプストはそれより一〇mも高いオベリスクを建て、ラムセス二世は一三四本の石柱で囲まれた大列柱室を建てた。

アメン大神殿の第一塔門の前に、牡羊の頭を持ったスフィンクスが左右に並んでいる。第一塔

アメン大神殿第１塔門の前には、牡羊の頭を持ったスフィンクスが左右に並ぶ

聖なる池（アメン大神殿）。神官たちは毎朝、聖務を始める前にこの池で身を浄めた

門を抜けると、「エチオピアの中庭」と呼ばれる幅一〇〇m余りの中庭が広がる。第一塔門の背後には、日干し煉瓦《れんが》を積み上げた跡があり、当時の建築方法を推測するのに参考になる。中庭の両側にはしゃがんだ牡羊の彫像が並んでいる。牡羊はファラオを守護するアメン神の聖獣だった。

牡羊の前足の間にはファラオの姿が彫られている。

中庭の中央東側に、高さが二一mもある開花式パピルス柱が一本立っている。もともとここには第二五王朝タハルカ王の柱廊があったが、現在ではこの一本だけが残存している。

第二塔門の前には一対の「ラムセス二世の立像」がある。足の間に王女ビントアナトの小さな像があり、オシリス神のポーズをとっている左の像は、第二一王朝時代のパネジェム一世によって名前が書き換えられたため、一般に「パネジェムの巨像」とも呼ばれている。

第二塔門を抜けると、映画『ナイル殺人事件』（一九七八年版）にも登場する、アメン大神殿の最大のハイライトともいえる大列柱室がある。幅一〇二m、奥行き五三mの大列柱室に林立する石柱の数は一三四本。中央には高さ約二一mの一二本の開花式パピルス柱が二列に並んでいる。

南側の広場に「聖なる池」がある。全長一二〇m、幅七七mの池の周囲には倉庫や神官の住居、水鳥の小屋などが建ち、毎朝、神官たちは聖務を始める前にこの池で身を浄めた。池のそばに「スカラベ大石像」がある。横たわるオベリスクは、ハトシェプスト女王がアメン神と父トトメス一世に捧げた二対のオベリスクのうちの一本。エジプト国内に現存する最大のもので、アスワン産の赤色花崗岩でできていて、先端部の様子がよくわかる。

パリへ渡ったオベリスク

カルナック神殿を出て約三㎞の「スフィンクス参道」を歩き、「ルクソール神殿」へ向かう。ルクソール神殿の第一塔門の前に、高さ約二五mのオベリスクが一本と、二体のラムセス二世座像がある。オベリスクの左下にあるのはラムセス二世の頭像だ。

ぼくがこの第一塔門の前に立ったときに思い出したのは、パリ・コンコルド広場のオベリスクだった。ルクソール神殿には、もともとオベリスクは二本あった。向かって右側に立っていた一本が、いまここにはない。一九世紀にパリへ渡り、いま、コンコルド広場に立つのが、その一本なのである。

第一塔門、第二塔門を抜けると、ルクソール神殿の大列柱廊。ここには高さ約一七ｍの開花式パピルス柱が両側に七本ずつ、計一四本立っている。

これらの遺跡は、一九七九年、「古代都市テーベとその墓地遺跡」として世界遺産に登録された。この栄華の跡を見るために、世界中から観光客が訪れる。

ルクソール神殿の第１塔門の前にはオベリスクと２体のラムセス２世座像。オベリスクは２本だったが、右側にあった１本はパリへ運ばれ、コンコルド広場に立っている

ルクソール神殿の大列柱廊。高さ約17mの開花式パピルス柱が両側に７本ずつ、計14本立っている

あとがき

月刊『マネジメントスクエア』（ちばぎん総合研究所発行）に掲載された「旅の達人が見た　世界観光事情」のなかから本になるのは、『世界、この魅力ある街・人・自然』（八千代出版）、『ヨーロッパ観光事情　まち歩きの楽しみ』（新典社）、『世界観光事情　まち歩きの楽しみ』（新典社）に続いて、この本が四冊目である。

ここに収められた三二の旅の話、人口などのデータは掲載時のものであり、それぞれの掲載年月は、以下のとおりである。

［掲載年月一覧］

バース（イギリス）	二〇二〇年一月号
チュニスとその周辺（チュニジア）	二〇二〇年二月号
アイルランド	二〇二〇年三月号
カッパドキア（トルコ）	二〇二〇年四月号
アムステルダム（オランダ）	二〇二〇年六月号
ウルグアイ	二〇二〇年七月号

ジョージア　二〇二〇年八月号
デリー（インド）　二〇二〇年九月号
ラオス　二〇二〇年一一月号
平遥古城（中国）　二〇二〇年一二月号
ポンペイ（イタリア）　二〇二一年一月号
ブラチスラバ（スロバキア）　二〇二一年二月号
ナスカ（ペルー）　二〇二一年三月号
オビドス（ポルトガル）　二〇二一年五月号
ブハラ（ウズベキスタン）　二〇二一年六月号
アブ・シンベル神殿（エジプト）　二〇二一年七月号
テオティワカン（メキシコ）　二〇二一年八月号
ペテルゴフ（ロシア）　二〇二一年一〇月号
ホイアン（ベトナム）　二〇二一年一一月号
北アイルランド（イギリス）　二〇二一年一二月号
ボローニャ（イタリア）　二〇二二年二月号
エフェソス（トルコ）　二〇二二年三月号
成都（中国）　二〇二二年四月号

チョベ国立公園（ボツワナ）　二〇二二年五月号
アーヘン（ドイツ）　二〇二二年六月号
ジャイプル（インド）　二〇二二年七月号
ゴールドコーストとその周辺（オーストラリア）　二〇二二年八月号
ドゥッガ遺跡（チュニジア）　二〇二二年九月号
ゴゾ島（マルタ）　二〇二二年一〇月号
釜山（韓国）　二〇二二年一一月号
ストーンヘンジ（イギリス）　二〇二二年一二月号
ルクソール（エジプト）　二〇二三年三月号

この本の出版にあたって、新典社の社長・岡元学実さん、編集部次長・原田雅子さんに大変にお世話になった。また、佐野幸二さんはじめ、月刊『マネジメントスクエア』の編集担当の皆さんにも大変にお世話になった。心からお礼を申し上げる次第である。

二〇二三年八月一五日　　秋　山　秀　一

Photo：A. Izumi

秋山　秀一（あきやま　しゅういち）
旅行作家・エッセイスト。
1950（昭和25）年、東京都生まれ。東京教育大学（現・筑波大学）大学院修了後、東京成徳大学教授等を経て、取材・執筆に専念。日本エッセイスト・クラブ常務理事、日本旅行作家協会会員、日本外国特派員協会（FCCJ）会員。ＮＨＫ文化センター講師。海外への旅217回、訪れた国と地域90カ所。2009年4月から3年間、NHKラジオ第１放送、金曜旅倶楽部「旅に出ようよ」に旅のプレゼンターとしてレギュラー出演、「ラジオ深夜便」などにも出演。「世界旅レポート」（ノースウエスト航空機内誌）、「旅の達人が見た　世界観光事情」（マネジメントスクエア）、「アラン・ドロンとともに　秋山秀一のロケ地探訪」（おとなのデジタルＴＶナビ）、「世界の道」（道路建設）、「旅の記憶」（ちいき新聞）など、各種雑誌に執筆、連載。『世界観光事情　まち歩きの楽しみ』（新典社）、『ヨーロッパ観光事情　まち歩きの楽しみ』（新典社）、『大人のまち歩き』（新典社）、『鎌ケ谷　まち歩きの楽しみ』（新典社）、『ウクライナとモルドバ』（芦書房）、『スイス道紀行』（芦書房）、『マレーシア』（三修社）など著書多数。YouTube「旅行作家　秋山秀一の世界旅」配信中。

続・世界観光事情 まち歩きの楽しみ

2023 年 8 月 15 日　初刷発行

著　者　秋山秀一
発行者　岡元学実

発行所　株式会社　新典社

〒111－0041　東京都台東区元浅草２－10－11　吉延ビル４F
ＴＥＬ　03－5246－4244
ＦＡＸ　03－5246－4245　振　替　00170－0－26932

印刷所 惠友印刷㈱　製本所 牧製本印刷㈱

ISBN978-4-7879- C1026
https://shintensha.co.jp/　E-Mail:info@shintensha.co.jp

旅行作家・秋山秀一がいざなう

まち歩きの世界

東京から一時間ほどの住みやすい高台の地、千葉県鎌ケ谷市。この地を拠点に、世界中を旅してきた著者による鎌ケ谷の楽しみ方・歩き方。

鎌ケ谷　まち歩きの楽しみ

A5 判　並製カバー 160 頁
978-4-7879-7858-5
1,650 円（10%税込）

安らぎの城下町・岡山県高梁市、格子戸のまち・石川県小松市、川堤と文人墨客たちが愛した路地・東京都墨田区ほか、日本全国各地をご紹介！

大人のまち歩き

A5 判　並製カバー 232 頁
978-4-7879-7851-6
1,760 円（10%税込）

世界中から厳選した35都市をご紹介。絶景や街の歴史、名物グルメ、おすすめルートなど、豊富な写真をながめながら世界一周が追体験できる一冊。

世界観光事情　まち歩きの楽しみ

A5 判　並製カバー 208 頁
978-4-7879-7865-3
2,145 円（10%税込）

旅の達人が紹介するヨーロッパ24都市の魅力。豊富な写真、おすすめスポットやグルメ、歴史背景など、ヨーロッパのまちを楽しむためのヒントが満載。

ヨーロッパ観光事情　まち歩きの楽しみ

A5 判　並製カバー 160 頁
978-4-7879-7859-2
1,650 円（10%税込）

株式会社　新典社